Jochen Hörisch
Man muss dran glauben

Jochen Hörisch

Man muss dran glauben

Die Theologie der Märkte

Wilhelm Fink

Umschlagabbildung:
Dollar Bill Steps © Images.com/Corbis

Bibliografische Information der Deutschen Nationalbibliothek

Die Deutsche Nationalbibliothek verzeichnet diese Publikation in der Deutschen Nationalbibliografie; detaillierte bibliografische Daten sind im Internet über http://dnb.d-nb.de abrufbar.

Alle Rechte, auch die des auszugsweisen Nachdrucks, der fotomechanischen Wiedergabe und der Übersetzung, vorbehalten. Dies betrifft auch die Vervielfältigung und Übertragung einzelner Textabschnitte, Zeichnungen oder Bilder durch alle Verfahren wie Speicherung und Übertragung auf Papier, Transparente, Filme, Bänder, Platten und andere Medien, soweit es nicht §§ 53 und 54 UrhG ausdrücklich gestatten.

© 2013 Wilhelm Fink Verlag, München
(Wilhelm Fink GmbH & Co. Verlags-KG, Jühenplatz 1, D-33098 Paderborn)

Internet: www.fink.de

Einbandgestaltung: Evelyn Ziegler, München
Printed in Germany
Herstellung: Ferdinand Schöningh GmbH & Co. KG, Paderborn

ISBN 978-3-7705-5483-6

Für Hannah, Felix und Jacob

INHALT

Vorwort 9

1 Gott- und Geldvertrauen oder: Die Vorzüge der
  Second-order-observation 13

2 Religiöse und ökonomische Kontingenzbewältigung 23

3 Transsubstantiationen – Die spezifische Ökonomie
  des Christentums 31

4 Die kapitalistische Bonifizierung des Malum –
  Schöpferische Zerstörung 39

5 Rational choice oder unkritischer Irrationalismus –
  Die Vernunft Gottes und des Marktes, welche höher
  ist denn alle Vernunft 49

6 Monetäre Trinität 59

7 Die Zeitlichkeit und Ewigkeit des Geldes 65

8 Schuld und Schulden – Deckungsprobleme 73

9 Ökonomisch-theologische Aufklärung – Von der
  unsichtbaren Hand zu sichtbaren Händen 81

A Werther stellt die Wertfrage – Zur Ökonomie der Werte
  in Goethes Bestseller 95

B Die öffentliche, die private und die unsichtbare Hand –
  Ein Vorschlag zur Schuldentilgung im Ausgang von
  Thomas Manns Roman *Königliche Hoheit* 109

Vorwort

„Mein Denken verhält sich zur Theologie wie das Löschblatt zur Tinte. Es ist ganz von ihm vollgesogen. Ginge es aber nach dem Löschblatt, so würde nichts was geschrieben ist, übrig bleiben."

Walter Benjamin: Das Passagen-Werk[1]

Die klassische und neoklassische Volkswirtschaftslehre verhält sich zu exakten Wissenschaften wie die Alchemie zur Chemie, die Astrologie zur Astronomie und die Pataphysik zur Physik. Wer nach der Lektüre dieses Satzes empört, gekränkt oder kopfschüttelnd die Weiterlektüre des vorliegenden Textes verweigert, wird das in diesem Satz angelegte Kompliment ignorieren. Alchemisten haben im schönen Wahn, sie könnten minderwertige Materialien in Gold wandeln bzw. transsubstantiieren, entscheidend zur Entwicklung der Porzellan- und anderer funktionierender Materialtechniken beigetragen. Astrologen geben mit ihren Horoskopen alltäglich Zigmillionen sternbildgläubigen Menschen die Möglichkeit, ihr Leben als sinnvoll zu erfahren, nämlich mit Erwartungen umzugehen und auf sie mehr oder weniger geschickt zu reagieren – sich also ein wenig rationaler zu verhalten, als sie es ohne astrologische Spekulationen täten. Goethe hatte gute Gründe, bei der berühmten Papiergelderfindung im ersten Akt von *Faust II* einem Astrologen eine entscheidende Rolle zuzubilligen. Und Pataphysiker ermöglichen es immerhin, sich auf ansonsten schwer zu verarbeitende, weil extrem unwahrscheinliche physikalische Ereignisse wie sich krümmende Gabeln, sprechende Materialien oder lebende Leichen einen Reim zu machen. Pataphysiker ahnen zumindest, dass es Ausnahmen von der Regel geben muss, derzufolge es keine Regel ohne Ausnahme geben kann.

Wirtschaft ist rettungslos überkomplex, im Zeitalter der Globalisierung mehr denn je – wer wüsste das nicht. Sich die Zahl der täglichen Dienstleistungs-, Produktions-, Konsumtions-, Kaufs- und also per definitionem auch Verkaufsakte weltweit vorzustellen, überfordert jeden; kein noch so rechengewaltiger Supercomputer kann sie erfassen;

die jeweiligen Anschlussereignisse zu errechnen und zu prognostizieren, ist menschlicher wie künstlicher Intelligenz gleichermaßen versagt; alle weltweiten Wirtschaftsakte planwirtschaftlich zentral steuern zu wollen, wäre der Inbegriff des kollektiven Wahnsinns. Das Nichtdar- und Nichtvorstellbare trägt den alten theoretischen Ehrentitel des Erhabenen. Erhaben ist, was alle Modellierungen sprengt, was sich allen Formeln entzieht, was alle Rahmungen übersteigt. Weltwirtschaft und Weltfinanzen sind erhaben. Das Erhabene aber ist ein intimer Verwandter des Göttlichen. Auch vom erhabenen Gott der großen Buch- und Offenbarungsreligionen können und dürfen wir uns kein angemessenes Bild machen, auch Gottes unvordenklicher Ratschluss ist nun eben unvordenklich und im Wortsinne unberechenbar. Die Wirtschaft in all ihrer Profanität ist von erhabener Göttlichkeit; wer sich ein Bild von ihr machen und ihre Logiken berechnen will, muss mit unangenehmen Überraschungen rechnen. Denn man kann spätestens seit dem geflügelten Wort Napoleons „Du sublime au ridicule il n'y a qu'un pas" wissen, dass das Erhabene und das Lächerliche eng beieinander liegen können. Gestern standen wir noch unmittelbar vor dem Abgrund, heute sind wir einen entscheidenden Schritt weiter ...

Die finanzökonomischen Krisen des letzten Jahrzehnts haben nicht nur die Wirtschaft, sondern auch die Wirtschaftswissenschaften in Turbulenzen gestürzt. Dem klassischen und klassisch zu erklärenden Aktien-Crash von 2002 folgte mit der Pleite der Lehmann-Brothers-Bank und anderer Banken im Jahr 2008 eine tiefgreifende Krise des Finanzsektors und ab 2011 dann die drohende Pleite ganzer Staaten (Griechenland, Portugal, Italien, Spanien etc. bis hin zu den USA) – eine eskalierende Krisendynamik, die gerade auch Wirtschaftsweise überraschte. Staaten und Zentralbanken gelten als „lender of last resort"; sie müssen retten, was nach den Beben auf den Finanzmärkten (was für eine naturalistische und zugleich religiöse Metapher) noch zu retten ist. Wer aber rettet den Retter?[2] Immer deutlicher wird, dass der letzte Retter selbst rettungsbedürftig ist. Die öffentliche Hand und damit die Instanz, an die sich systemrelevante Banken Rettung suchend wenden, wenn sie schwanken, wurde nicht zuletzt durch die wirtschaftspolitische Umsetzung verbreiteter neoliberaler Lehren in den letzten Jahren entschieden geschwächt. Weite Teile gerade der klassischen und neoklassischen Volkswirtschaftslehre erweisen sich nun eben als (je nach Beobachtungs- und Bewertungsperspektive) rechte Lehre oder Irrlehre und gerade eben nicht als strenge Wissenschaft. Dabei ist unverkennbar und auch kaum strittig, dass die Lehren von der Wirtschaft starke Rückkoppelungseffekte auf das Wirtschaftsgeschehen selbst haben. Ein an Keynes Theorien vom deficit-spending orientierter Finanzminister wird anders auf eine Finanzkrise reagieren als ein an und von Milton Friedman geschulter Monetarist. Doch nicht nur Minister, sondern unübersehbar viele Unternehmer, Manager, Gewerkschaftler, Abteilungsleiter, Arbeitnehmer, Häuslebauer und Konsumenten werden je nach dem jeweils geltenden Stand herrschender Lehren unterschiedlich agieren. Plakativ gesprochen: wenn Parolen wie „Geiz ist geil" oder „Steuerhinterziehung ist Notwehr" wirtschaftswissenschaftlich geadelt werden, so hat das wenn nicht erhabene, so doch erhebliche Folgen für Wirtschaft und Finanzen – und für die gängigen Vorstellungen und Praktiken des Zusammenlebens sowieso. Kritik an (Irr-)Lehren, die sich als strenge Wissenschaften missverstehen, ist mehr und anderes als das gängige akademische Gezänk.

Der vorliegende Traktat befragt deshalb Grundannahmen herrschender ökonomischer und finanztheoretischer Lehren. Viele Wirtschaftswissenschaftler spüren heute, dass das Vertrauen nicht nur in Geld, sondern auch in ihre Disziplin zunehmend schwindet. Viele Indizien sprechen dafür, dass Grundannahmen bzw. feste Glaubenssätze der Wirtschaftslehre (wie die vom homo oeconomicus, von der unsichtbaren Hand des Marktes, von rational choice oder von Gleichgewichtszuständen) enorm an Kredit verlieren.[3] Ein geisteswissenschaftlicher Autor wie der dieses Traktats kann sich eine Außenbeobachtung dieser Konstellation erlauben, weil er ohne Angst vor starken fachdisziplinären Sanktionen die schönen Freiheiten des Dilettanten in Anspruch nehmen kann. Um so dankbarer bin ich für die vielen Gespräche und Diskussionen mit Fachleuten nicht nur an meiner Universität (Mannheim), sondern vor allem auch am Zentrum für Religion, Wirtschaft und Politik (ZRWP) an der Universität Basel. Als Fellow der Forschergruppe ‚Risiko, Vertrauen, Schuld' an diesem Zentrum konnte ich in den Jahren 2010/11 u.a. mit den Finanzwissenschaftlern Marc Chesnay und Paul Dembinski, dem Religionswissenschaftler Jürgen Mohn, den Theologen Alexander Heit, Georg Pfleiderer, Peter Seele und Christoph Weber-Berg sowie dem Ökonomen und Philosophen Birger Priddat und weiteren Kolleginnen und Kollegen in enthusiastischer Gelassenheit und in einer Muße, die heute universitär unüblich ist, wenn nicht über Gott und die Welt, so doch über Religion und Wirtschaft diskutieren. Aus diesem Gesprächskontext[4] ist der vorliegende Traktat hervorgegangen. Für zahlreiche Anregungen bin ich den genannten Kollegen sehr dankbar.

Mannheim, im Sommer 2012   Jochen Hörisch

1 GOTT- UND GELDVERTRAUEN ODER:
DIE VORZÜGE DER SECOND-ORDER-OBSERVATION

Ökonomie und Religion sind eng verwandt. Dass der Marktplatz neben dem Tempel, der Kirche oder der Moschee liegt; dass Begriffe wie Messe, Erlös, Kredit, Schuldner, Gläubiger, Pekuniäres, Obolos, Moneten, Testament und Offenbarungseid einen ökonomisch-religiösen Doppelsinn haben; dass die Münzprägung in Tempeln ihren Anfang nahm; dass große biblische Erzählungen (etwa die von Jakob und Joseph, von anvertrauten Pfunden, von klug bestellten Weinbergen oder von Wechselhändlern) um richtiges und falsches Wirtschaften kreisen; dass Karl Marx, Max Weber oder Walter Benjamin nicht ganz danebenlagen, als sie von den theologischen Mucken der Geldform, von der Geburt des westlichen Kapitalismus aus dem Geist der protestantischen Askese[5] oder von „Kapitalismus als Religion" handelten[6]; dass antikapitalistische Bewegungen wie der Kommunismus selbst zur Religion wurden, die Selbstopfer en masse und die Bereitschaft, andere einem Himmel-auf-Erde-Erlösungsziel zu opfern, freisetzte – all dies hat sich mittlerweile herumgesprochen. Spezifisch modern ist die These von der engen Verwandtschaft zwischen Ökonomie und Religion nicht einmal, obwohl sie zumeist mit den Namen von Theoretikern wie Marx, Weber und Benjamin verbunden wird. Die Begriffsbildung „göttliche Weltökonomie" ist vielmehr bemerkenswert alt. „Der *Oikonomia*-Begriff wurde vor allem von Xenophon auf den Kosmos angewandt, dann übernahm Philo von Alexandria und besonders die dort lehrenden Kirchenväter wie Klemens und Origines, aber auch westliche Väter diesen Begriff, um Bau und Struktur des von Gott geschaffenen Weltganzen zu beschreiben. Sie sprachen von der *Oikonomia* Gottes und meinten damit neben dem Heilsplan das teleologisch konzipierte und harmonisch geordnete Ganze der von Gott, dem *oikonomos*, geschaffenen Welt."[7] Trotz dieser ehrwürdigen und unverdächtigen Vorgeschichte war, ist und bleibt die enge Kopplung von Religion und Ökonomie ein Reizthema. Verwandte und Wahlverwandte zumal können zueinander entspannte oder angespannte Beziehungen und Familienbande unterhalten. Ökonomen sind in der Regel nicht geschmeichelt, wenn man sie als konfessionell gebundene Köpfe mit starken Glaubensgrundsätzen wahrnimmt; und Bischöfe geben nicht gerne Auskunft über die Bankgeschäfte der Kirche oder die Entschädigungssummen für Missbrauchsfälle; die Bodentruppe Gottes nimmt auch nicht gerne zur Kenntnis, wenn transzendente Erlösungsversprechen mit innerweltlichen Erlös-Entsprechungen verglichen und für zu leichtsinnig und risikolastig befunden werden. Beiden Sphären, der religiösen wie der finanziellen, liegt aus schnell nachvollziehbaren Gründen außerordentlich daran, ihre spezifische Identität, ihre unverwechselbare Leitorientierung, ihre Kernkompetenz, ihre Unabhängigkeit, ihre Unverwechselbarkeit herauszustellen. Berührungspunkte und Verwandtschaftsverhältnisse wie die soeben evozierten werden von beiden Seiten deshalb häufig als nebensächlich abgetan. Beide Sphären legen großen Wert darauf, die Teilnehmerperspektive zu privilegieren und die Außenbeobachterperspektive zu diskreditieren. Was es mit diesem religiösen Ritus, z.B. mit dem Essen einer Oblate, die mehr als nur eine Oblate, nämlich der für uns gebrochene Leib Jesu Christi ist, kann nur der Gläubige, nicht aber der beobachtende Ethnologe oder Biochemiker begreifen; dass es Boni für erfolgreiche Banker geben muss, versteht nur, wer wirklich die Finanzmärkte und ihre marktgerechten Preise kennt und nicht etwa ein schlecht gelaunter Soziologe, der nicht mehr als ein Prozent des Spitzenbanker-Gehalts verdient und schon deshalb nicht mithalten kann und mitreden darf.

Teilnehmerperspektiven sind per se gegen Vergleiche resistent; sie wirken wie Immunsysteme, leisten aber auch vermehrt Autoimmunerkrankungen Vorschub. Hinweise auf enge Verwandtschaftsbeziehungen zwischen der religiösen und der ökonomischen Sphäre können Banker und Priester kaum irritieren. Umso wichtiger ist es, dies- und jenseits evolutionärer, kulturhistorischer und sprachlicher Affinitäten zwischen Gott und Geld die sachlich funktionale Verwandtschaft bzw. Äquivalenz von Religion und Ökonomie zu erkennen. Sie lässt sich gerade dann deutlich wahrnehmen, wenn man einen methodischen Umweg einschlägt und auf second-order-observation, also auf Beobachtungen von Beobachtungen umstellt. Religion und Ökonomie bezeichnen Sphären alltäglicher bzw. sonn- und feiertäglicher Vollzüge, die umso unkomplizierter ablaufen, je weniger sie reflektiert und problematisiert werden. Man diskutiert an der Supermarktkasse nicht über Preise, und man befragt in der Heiligen Messe nicht ausdrücklich die Plausibilität der Transsubstantiation; man applaudiert auch nicht, weil dem Priester die Wandlung der Hostie in den Leib Christi geglückt ist. Weil erst die methodische Distanznahme zu beobachten ermöglicht, was sich ansonsten der Beobachtung und der Reflexion entzieht, hat sich schon früh, etwa in der griechischen Antike und verstärkt in Neuzeit und Moderne der Gestus einer Meta-Beobachtung ausgebildet. Das lässt sich schnell an traditionellen Welt-Beobachtungssystemen illustrieren. Moral animiert zu einer recht unmittelbaren Beobachtung menschlichen Verhaltens nach den binären Kategorien „gut/böse"; Ethik beobachtet hingegen distanziert, was geschieht, wenn man das Welt- und Alltagsgeschehen moralisch beobachtet. Ethik kann dann z.B. Paradoxien wie die beobachten und reflektieren, dass moralisches Engagement für „das Gute" böse Konsequenzen wie die Eskalation von Konflikten zeitigen kann.[8] Kunst kann wunderbar wirken, weil sie in sich stimmig ist; Ästhetik kann u.a. wahrnehmen und reflektieren, dass Kunst für ihre schöne Suggestivität mitunter (gar systematisch?) den Preis zahlen muss und zu zahlen bereit ist, sachlich Problematisches darzustellen.[9] Wissenschaft kann glänzend analysieren, was warum wie funktioniert; Wissenschaftstheorie bzw. Philosophie kann hingegen ihrerseits wissenschaftliche Beobachtungen beobachten und z.B. danach fragen, wie sinnvoll, destruktiv, wünschenswert, folgenreich es ist, religiöse Überzeugungen zugunsten von wissenschaftlichen Einsichten preiszugeben, Staudämme zu bauen, Regenwälder abzuholzen oder Atome zu spalten. Religion kann Sinnverlangen stillen und Kontingenz verarbeiten helfen; Theologie kann Religion beobachten, dazu auf Distanz gehen und Fragen stellen, die glaubensbereite Köpfe irritieren, z.B. warum es offenbar ist, dass Gott nicht in der Weise mathematischer Evidenz offenbar ist, warum es sogar im selben Religionskreis unterschiedliche Konfessionen gibt oder warum der gute und allmächtige Gott das Erdbeben von Lissabon und noch größeres Unheil zugelassen hat.

Beobachtungen zweiter Ordnung[10] sind faszinierend – und zumutungsreich. Ethik als Reflexionsmedium von Moral, Ästhetik als Reflexionsmedium von Kunst, Philosophie als Reflexionsmedium von Wissenschaft und Theologie als Reflexionsmedium von Religion treffen aus plausiblen Gründen nicht nur auf Sympathie. Können sie doch irritieren, nerven und gar vom rechten Glauben (an die herrschende Moral, die edle Kunst, die produktive Wissenschaft, die einzig wahre Religion, die Partei, die immer Recht hat) abfallen lassen. Auffallend ist es nun oder sollte es doch immerhin sein, dass die Ökonomie anders als andere Funktionssysteme bislang keine systematisierte second-order-observation ausgebildet hat. Sicherlich gibt es unübersehbar viele

Kritiker des Kapitalismus oder staatszentralistischer Planwirtschaften; es gibt jedoch in der ökonomischen Sphäre kein funktionales Äquivalent zu dem, was Ethik für Moral, Ästhetik für Kunst, Philosophie für Wissenschaften oder Theologie für Religionen leistet. Der naheliegende Vorschlag, die Volkswirtschaftslehre als Beobachtung der Betriebswirtschaftslehre zu begreifen oder zu konzipieren, scheitert sofort. Beide Lehren haben schlicht unterschiedliche Gegenstandsbereiche und Themen, eben Betriebe bzw. Volkswirtschaften. Und beide Lehren teilen dennoch zumeist die Grundkategorien, Denkstrukturen und Überzeugungen (etwa das rational-choice- oder das homo oeconomicus-Konzept), stellen also gerade nicht die Distanz her, die Beobachtungen zweiter Ordnung analytisch attraktiv werden lässt.

Nun wäre es abwegig, Betriebs- und Volkswirtschaftslehre als weltoder auch nur deutschlandweit homogen organisierte und ausgerichtete Fächer wahrzunehmen. Das ist ersichtlich nicht der Fall. Ökonomen streiten sich und kämpfen um die rechte Lehre – wie Theologen. Es gibt Liberale und Neoliberale, Keynesianer und Neokeynesianer, Klassiker und Neoklassiker, Marxisten und Neomarxisten, Anhänger des homo-oeconomicus- und des behavioural-economics-Konzepts und viele mehr. Sicher werden viele es als philologische Grille abtun, wenn man darauf hinweist, dass schon die geläufigen Bezeichnungen BWL und VWL, also Betriebswirtschafts- und Volkswirtschafts-Lehre, absolut zutreffend sind, weil sie – wohl gegen den Willen der meisten Vertreter dieser Lehren – nun eben als „Lehren" und nicht als Wissenschaften firmieren. Tatsächlich geht es bei ökonomietheoretischen wie bei religiösen Diskussionen zumeist um die rechte bzw. irrige Lehre. Ökonomen gehören (z.b. neoliberalen, keynesianischen, ordoliberalen, marxistischen etc.) Glaubensgemeinschaften an.[11] Deshalb müssen sie Irrlehren bekämpfen. Bewerbungen noch so qualifizierter keynesianisch orientierter Kandidaten an neoliberal ausgerichteten Fakultäten et vice versa sind ihr Porto nicht wert. Ein Calvinist sollte, darf und wird auch nicht für den Stuhl Petri kandidieren.

Mit Außenbeobachtungen ihres Tuns und Lassens kann die Ökonomie kaum etwas anfangen. Denn sie empfindet sie – nun eben als psychologische, politische, kulturanalytische oder wie immer fremde, befremdliche, uneingeweihte, wenn nicht gar feindliche Außenwahrnehmung. Moralisch, künstlerisch oder religiös Handelnde können kaum anders als sich von den ihnen korrespondierenden Metatheorien Ethik, Ästhetik und Theologie irritieren zu lassen. Die Ökonomie aber hat keine genuine, ihr korrespondierende Metatheorie. Um das so klar wie möglich zu illustrieren: ein Ökonom wie Hans Christoph Binswanger, der an der obskurer Umtriebe unverdächtigen Universität St. Gallen lehrt und zu dessen Doktoranden auch der Vorstandssprecher der Deutschen Bank Josef Ackermann gehört, mag noch so renommiert sein – wenn er mit Goethes Faust Geld als funktionierendes alchemistisches Medium versteht[12], so löst ein solches Theorem in der ökonomischen Zunft allenfalls Kopfschütteln oder Belustigung aus. Dann hat eben ein Irregeleiteter die seriösen rechenintensiven Gefilde von BWL und VWL verlassen und ist literaturwissenschaftlich fremdgegangen[13] – wen in der Zunft kümmert's?

Dass die Ökonomie anders als andere Disziplinen keine Metatheorie freigesetzt hat, ist so verwunderlich allerdings nicht, wie es auf den ersten Blick scheint. Zumindest Ökonomen, die an das homo-oeconomicus- und das rational-choice-Modell glauben, handeln im Rahmen ihrer first-order-theory konsistent[14], wenn sie sich gegen Außen- und Metawahrnehmung immunisieren: sie haben einfach zu viel in problematische Theorien investiert, um dieses Investment ganz abschreiben zu können, wenn behavorial economics-Experimente zeigen, dass das alte Modell nun eben nur eine Lehre ist, an die man glauben muss (vgl. dazu ausführlicher unten Kap. 5). Viel gewichtiger ist allerdings die wunderbare Paradoxie, dass sie konsistent verfahren, wenn sie einen starken, aber ihnen als solchen intransparenten Glauben (etwa an die Gültigkeit des rational-choice- oder des homo oeconomicus-Modells) an die Stelle von falsifizierbarem Wissen setzen. Denn ohne Vertrauen, Glauben und Glaubensbereitschaft funktioniert keine Ökonomie und erst recht keine über das Medium Geld gesteuerte Ökonomie.

Gott wie Geld sind auf Beglaubigung angewiesen. Das alte, schon in vorsokratischer Zeit von Xenophanes von Kolophon und Anaxagoras von Klazemenoi verbreitete aufklärerische Argument, ohne die Glaubensbereitschaft der Gläubigen gäbe es keinen Gott, keine Götter und kein Göttliches, gilt per analogiam auch für das Geld. Ohne die Bereitschaft, es zu akzeptieren und es zu beglaubigen, hätte Geld keine Geltung. Gott- und Geldvertrauen, Gott- und Geldillusion, Gott- und Geldglaube sind strukturhomolog. Gerade weil Glaube und Vertrauen systematisch risikoanfällige Größen sind, hat es immer wieder Versuche gegeben, sie gesetzlich vorzuschreiben. Der Glaubensabfall, die Häresie, die Apostasie sind häufig mit Todesstrafe belegt worden, noch heute sind sie in vielen Ländern, die Staatsreligionen kennen (wie Iran, Malaysia, Afghanistan, Libyen), strafbewehrt. Das ist aus der Perspektive liberaler Länder schwer zu ertragen, doch auch diesen sind starke Glaubensvorschriften nicht fremd – man muss an die Landeswährung glauben, sie ist ein gesetzliches Zahlungsmittel, das man nicht zurückweisen kann. Staatsbürger sind juristisch gehalten, die Landeswährung zu akzeptieren. Sie müssen dran glauben – eine Wendung, die im Deutschen einen knirschenden Doppelsinn besitzt. Der Gottes- und der Geldglauben sind struktur- und funktionsverwandt. Sie stehen vor ähnlichen Problemen, wenn ihnen der Glaube bzw. die Beglaubigung verwehrt wird. Es genügt, an die Aufregungen und folgenreichen Aufmüpfigkeiten zu erinnern, die sich in Westeuropa einstellten, als französische Aufklärer wie Voltaire und Diderot den Gottesglauben in Frage stellten. Diderot und manchmal auch Friedrich dem Großen wird die wunderbar aufgeklärte Gebetsformel zugeschrieben „Lieber Gott, wenn es dich gibt, rette meine arme Seele, wenn ich eine habe." Ein solches Konditional-bzw. Irrealis-Bewusstsein lässt Theorien komplexer und fungibler werden; es ist per se antifundamentalistisch. Die berühmte bis berüchtigte Theodizee-Diskussion, die nach dem Erdbeben von Lissabon im Jahr 1755 auch die Debattenlage erbeben ließ, folgte diesem Muster: wenn die Hand des Gottes, der, wie behauptet, gütig und allmächtig ist, alles so herrlich regieret, wie kann er dann ein solches Schrecknis zulassen, das die Gerechten wie die Ungerechten trifft?

Theoriegeschichtlich fällt auf, dass die ökonomietheoretische Debattenlage heute zwar vor verwandten Theodizee-Problemen steht, aber zweihundertfünfzig Jahre später allenfalls in Randbezirken[15] das Niveau der Theologie in der Mitte des achtzehnten Jahrhunderts erreicht hat – so wie sie sich in ihrem physikalistischen Selbstmissverständnis nicht an Relativitätstheorie und Quantenmechanik, sondern an Newtons klassischer Physik orientiert. Die klassische und neoklassische Wirtschaftswissenschaft hat, wie Joseph Vogl eindringlich dargelegt hat, das Theodizee- in ein Oikodizee-Konzept konvertiert. „Auch wenn die Gleichgewichtskonzepte von der ökonomischen Klassik über die Marginalisten des neunzehnten Jahrhunderts bis zu den Neoliberalismen des zwanzigsten unterschiedliche theoretische und epistemische Formate angenommen haben, zeichnen sie sich dennoch durch ein begrenztes Spektrum gemeinsamer Grundannahmen aus: dass alle Mitspieler an der Maximierung von Gewinn oder Nutzen interessiert sind; dass sich eine selbstregulative Beziehung zwischen unterschiedlichen Größen, Kräften und Faktoren einstellt; dass sich die Mechanismen des Austauschs proportional zur Verminderung von willkürlichen Eingriffen und Interventionen optimieren; und dass sich der Markt darum als beispielhafter Schauplatz zur Klärung eines anderswo unübersichtlichen und opaken sozialen Verkehrs präsentiert. Ob das Gleichgewicht des Markts trivial, mechanisch und deterministisch oder als komplexes System dynamischer Kräfte gedacht wird – mit ihm vollzieht der Markt eine elementare Institution oder Selbst-Institution des Sozialen."[16] Die invisible hand des Marktes, die alles so herrlich wenn nicht regieret, so doch regelt, in Frage zu stellen, ist unter den meisten Ökonomen noch heute ein tabubewehrtes Sakrileg – selbst wenn sie über Fälle von Marktversagen nachdenken. Nach dem Finanzbeben (welche begriffliche Nähe zum Erdbeben von Lissabon!) zu beten „Invisible hand, wenn es dich gibt, rette meine Guthaben, wenn ich noch welche habe", kommt kaum einer Wirtschaftslehre in den Sinn; ihr Glauben ist dogmatisch unerschütterlich. Es war kein geringerer als Goethe, der mit seinem epochalen *Prometheus*-Gedicht (es ist knapp 20 Jahre nach dem Erdbeben von Lissabon, also etwa 1772/73 entstanden) die damalige Debattenlage erschütterte und ein semantisches Beben auslöste. Zumal glaubensfromme Zeitgenossen wie Goethes Freund Friedrich Heinrich Jacobi waren über die hymnischen Zeilen empört, die schon in der ersten Strophe wenig Glaubensbereitschaft zu erkennen geben und die so eindringlich darauf hinweisen, dass Glaube und Kredit auf – Beglaubigung angewiesen sind:

Ich kenne nichts ärmers
Unter der Sonn als euch Götter.
Ihr nähret kümmerlich
Von Opfersteuern
Und Gebetshauch
Eure Majestät
Und darbtet wären
Nicht Kinder und Bettler
Hoffnungsvolle Toren.[17]

Systematisch bringt Goethes halb zorniges, halb amüsiertes Gedicht ökonomische und religiöse Begriffe zusammen. „Nichts ärmers", „Opfern", „Steuern", „darben", „Bettler", „kümmerlich" und „nähren" – das sind auffallend viele ökonomische oder zumindest wirtschaftsnahe Begriffe in einer gerade einmal 28 Worte enthaltenden Strophe. Schon Goethe weiß: Gott braucht Kredit, er bedarf der Akkreditierung, man kann auch dem Glauben die Kreditlinie kündigen. Das „aufklärungskonservative"[18] Argument, Gott wie Geld seien auf Beglaubigung angewiesen, ist so einfach und bestechend, dass es sich im Rahmen einer Aufklärung zweiter Ordnung die Frage gefallen lassen muss, warum das bloß Projektive bzw. das nur Geglaubte eine so starke Macht und Geltung entwickeln kann. Zentrale religiöse Glaubensbestände wie die, dass bald der Messias komme, dass Brot und Wein Leib und Blut des jungfräulich geborenen Jesus Christus seien, dass der Koran dem Propheten, sein Name sei gepriesen, wortwörtlich von Gott selbst diktiert wurde, dass der verborgene Iman wiederkehre oder dass die Geister der Verstorbenen im Totem aufbewahrt seien, sind ja offenkundige Provokationen dessen, was man gemeinhin gesunden Menschenverstand nennt, ja sie sind starke Anschläge auf die mentale und kognitive Integrität von Menschen. Von Menschen, die, wenn sie auch nur elementar fähig und willens sind, kognitive Dissonanzen zu verarbeiten, die Selbstbeobachtung nicht vermeiden können, wie seltsam es ist, über den heißen Glaubenskern der anderen Religion oder Konfession den Kopf zu schütteln, aber selbst zu beglaubigen, was nicht minder befremdlich und kontraintuitiv ist.

Dieses heute – Gott sei Dank! – in liberalen Breiten eingeübte Spiel der Verarbeitung kognitiver Dissonanzen findet an der Finanzsphäre eine eigentümliche Grenze. Das auf Tertullian (ca. 150-230) zurückgehende Wort „Credo quia absurdum est" hat früh seine theologische Karriere angetreten. Es hat bis heute Bestand, wenn es gilt, Glauben und Wissen gegeneinander auszudifferenzieren. Es ist vernünftig, wenn Theologie Religion als das (reizvolle, tiefsinnige, problematische, provozierende) Andere der Vernunft beschreibt. Die absurden Implikationen des Glaubens an die invisible hand des Marktes und die Kraft des Geldes werden hingegen knapp zweitausend Jahre später und nach mehreren Aufklärungsschüben weniger scharf beobachtet als die des religiösen Glaubens. Für einen Frommen ist die Antwort auf die Rätselfrage, warum dies oder jenes geschehen sei, immer überzeugend: Gott hat es so gewollt, denn alles liegt in seiner Hand. Aus dem Mund des Marktfundamentalisten erklingt gleichermaßen rituell die Antwort „Die unsichtbare Hand des Marktes hat es so gewollt", „die Märkte wollen die Auf-/Abwertung des Euro/Dollar, die Bonizahlungen, den Konkurs etc." Es ist seltsam, dass heute viele Zeitgenossen die religiöse Formel „Gott hat es so gewollt" seltsam, weil analytisch unbefriedigend finden, die korrespondierende ökonomische Formel hingegen glaubensfroh akzeptieren.

Nun ist es vergleichsweise leicht, sich über solche unerschütterlichen Glaubensüberzeugungen lustig zu machen. Schwerer fällt es hingegen, deutlich zu machen, warum trotz aller Beben zwischen Lissabon, Wallstreet und Athen und trotz ihrer mäßigen internen Konsistenz und mangelnden Plausibilität in den Augen externer Beobachter die heißen religiösen und ökonomisch-finanziellen Glaubensinhalte für viele dennoch unerschütterliche Geltung behalten. Die Antwort:

nicht etwa obwohl, sondern weil fundamentale religiöse wie ökonomische Glaubensüberzeugungen inkonsistent bis provokant sind, haben sie Geltung, funktionieren sie, werden sie ihrerseits beglaubigt. Glaube ist auf Glaube angewiesen, Geld ist durch Geld und den Glauben an die Geltung von Geld gedeckt – und beide funktionieren, so sie denn beglaubigt werden, mit einer gewissen Eleganz, die umso faszinierender ist, als sie einsturzbedroht ist. Man kann es auch einfacher sagen: eine Vernunftreligion ist ungleich weniger reizvoll als eine Offenbarungsreligion, der jede Evidenz fehlt; eine vernünftige Wirtschaft, die etwa jede Stunde geleisteter Arbeit gleich bewerten und entlohnen würde, wäre so langweilig wie unproduktiv, denn sie würde keine Verrückten animieren, produktiv verrückt zu sein. So bewährt sich der erhabene Kalauer, dass, wer nicht daran (an Gott bzw. an Geld) glauben will, dran glauben muss. Man kann es noch pointierter sagen: es ist gerade die elementare Unvernunft im Kern von Religion und Wirtschaft (dazu ausführlicher Kap. 6), die einer seltsamen Unvernunft von Welt und Dasein entspricht und insofern – vernünftig ist.

2 Religiöse und ökonomische Kontingenzbewältigung

Vernunft stößt an Grenzen, auch und zumal an ihre eigenen. Das ist keine neue Einsicht. Grenzerfahrungen sind häufig an die Erfahrungen von Paradoxien und Antinomien gekoppelt. Für die reine Vernunft sind sie ein immerwährendes Ärgernis. Ein für allemal auszutreiben aber sind sie nicht. Strukturelle und pragmatische Selbst-Widersprüche in vielerlei Hinsichten und Sphären lassen sich nicht vollendet klären.[19] Um nur einige wenige zu evozieren: wenn alles, was ist und geschieht, einen zureichenden Grund hat, muss doch wohl auch der Satz vom Grund einen zureichenden Grund und der wiederum seinen zureichenden Grund haben. Sollte gelten, dass der Grund des Grundes abgründig ist?[20] Wenn der Satz gilt, dass es keine Regel ohne Ausnahme gibt, dann muss es eine Ausnahme von der Regel geben, dass es keine Regel ohne Ausnahme gibt. Wenn Gott anders als Menschen allmächtig ist, dann wäre es doch seltsam, wenn er eines nicht könnte, was Menschen vermögen: sterben. Wenn gilt, das alles immer noch viel komplizierter, subtiler und komplexer ist, als (z.B. im zuvor Ausgeführten) dargelegt, dann ist genau dieser Satz der abstrakteste, allgemeinste und unterkomplexeste aller Sätze, gilt er doch immer und überall. Wenn menschliches Selbstbewusstsein Bewusstsein von sich selbst ist, dann wäre es die Menge aller Bewusstseinsmengen, die sich selbst als Element enthält, und also wäre ausgerechnet die Größe, die Ich-Identität garantieren soll, in sich selbst inkonsistent.

Reine Vernunft steht vor solchen und weiteren Paradoxien (Kann der allmächtige Gott einen Stein schaffen, der so schwer ist, dass er ihn nicht heben kann? Darf ein Barbier, der alle im Dorf barbiert, die sich nicht selbst barbieren, sich selbst den Bart schneiden? Lügt ein Kreter, wenn er sagt, dass alle Kreter lügen?) einigermaßen fassungslos dar. Und also sollte reine Vernunft ein entspanntes Verhältnis zur unreinen Vernunft[21] entwickeln, also vernünftiger Weise anerkennen, dass es unvernünftige Strukturen gibt – und Unvernunft sowieso. Dies anzuerkennen, fällt vernünftigen und verständigen Köpfen vergleichsweise leicht. Sie können dann alles tun, um dafür zu sorgen, dass Vernunft sich gegen Unvernunft durchsetzt. Eigentümlich gereizt reagiert Vernunft hingegen immer dann, wenn sie auf Unvernunft, Paradoxien, Abgründe, Widersprüche und Inkonsistenzen in sich selbst stößt. Religion und Wirtschaft sind nun die genuinen Sphären einer durch und durch unreinen Vernunft. In Religion und Wirtschaft gelten die klassischen Sätze reinen Denkens nicht oder allenfalls bedingt – etwa die Sätze vom ausgeschlossenen Dritten, vom zureichenden Grund und von der Identität. Das lässt sich diesseits aller philosophischen Anstrengung schnell plausibel machen. Sein überhaupt und individuelles Dasein sind kontingent. Alles könnte, zumindest in unserer Vorstellung, anders, gar ganz anders, theologisch formuliert: totaliter aliter sein als es ist. Der Big Bang bzw. die kosmische Schöpfungstat Gottes könnte unterblieben sein, so dass unausgesetzt das reine Nichts nichten würde. Gott könnte das All ganz anders erschaffen haben, die Evolution könnte einen anderen Pfad eingeschlagen haben, die Geschichte einen ganz anderen Verlauf genommen haben, wenn nicht Moses, Jesus Christus oder Mohammed, Alexander, Karl der Große oder Napoleon und Millionen anderer mehr getan hätten, was sie getan haben. Ich könnte nicht geboren worden sein.

Wenn das Fass aller denkbaren Alternativen zu dem, was der Fall ist, erst einmal aufgemacht ist, sind wir dem Unfassbaren konfrontiert: eben der absoluten Kontingenz. Dass überhaupt Sein ist und nicht vielmehr nicht (bzw. Nichts), ist nicht irgend eine unter anderen Kontingenzen, sondern die absolute Kontingenz schlechthin. Alles wäre anders, nämlich schlicht inexistent, wenn diese absolute Kontingenz nicht wäre. Um sie zu thematisieren, braucht es eine ultimativ starke Größe, die noch dazu taugt, als Grund des Grundes zu fungieren – Gott bzw. das Göttliche. Aus plausiblen Gründen hat die Theologie Gott deshalb häufig als „Abgrund", in dem sich alle Gründe und Metagründe verlieren bzw. sammeln, oder als „totaliter aliter"[22], als den bzw. das ganz Andere charakterisiert, das mit den bescheidenen Mitteln unserer Vernunft nicht zu fassen ist. Das bzw. der ganz Andere ist dafür verantwortlich, dass nicht alles ganz anders ist, als es ist. Unter allen Versuchen, begreiflich zu machen, warum es trotz aller Zumutungen für die Vernunft Religion bzw. religiöse Gefühle gibt, dürfte dieser Erklärungsansatz wohl der überzeugendste sein: Religion ist schlechthin unvermeidbar und insofern vernünftig, weil man Fragen nach der (absoluten) Kontingenz nicht vermeiden kann oder will.

Selbstredend kann man Fragen wie die, warum überhaupt Sein ist und nicht vielmehr nicht, warum ich ungefragt zur Welt gekommen bin oder warum überhaupt Sinn und Unsinn ist und nicht vielmehr nicht, als zu groß geraten, weil für sinnvolle Antworten untauglich begreifen und also verwerfen, verdrängen und tabuisieren. Wer sie dennoch nicht ausblendet, ist in religiösen Diskursen verfangen, auch wenn er Agnostiker oder Atheist ist. Denn Religion ist Kontingenzbewältigung[23]. Andere Diskurse und Funktionssysteme (wie Physik oder Chemie, Psychologie oder Soziologie, Nanotechnologie oder Informatik) sind einfach untauglich, Fragen wie die zu beantworten, warum dieser und nicht jener vom Auto überfahren wird, beim Erdbeben umkommt, im Lotto gewinnt oder im 21. Jahrhundert und nicht zu Zeiten des Kaiser Augustus geboren wurde. Ob religiöse Antworten auf solche Fragen analytisch überzeugend sind, steht, um milde zu formulieren, dahin. Immerhin aber scheut Religion als das System der Bewältigung absoluter Kontingenzen vor der Beantwortung solcher Fragen nicht zurück (Gottes Güte, Gottes Strafbedürfnis, der Erlöser, die Fürbitte des Heiligen, der Geist der Toten, die kosmische Energie etc. hat es so gewollt und gefügt). Religion hat vielmehr ihren heißen Kern oder, um kühler zu formulieren, ihre unverwechselbare Kernkompetenz im Ehrgeiz, solche Seins- und Sinnfragen mit Antworten zu versehen, welche höher sind denn alle Vernunft.

In dieser Perspektive auf Probleme der Kontingenzbewältigung ist die Ökonomie nun so etwas wie der kleine Bruder der Religion. Ökonomie diskontiert systematisch, aber nicht ohne den Charme der Bescheidenheit, religiöse Versprechen. Denn Ökonomie mit ihrem Leitmedium Geld kann zwar nicht die absoluten Kontingenzen bewältigen, wohl aber eine beeindruckende Fülle von relativen empirischen Kontingenzen. Kluges Wirtschaften kann kein ewiges, wohl aber ein angenehmes bis gutes Leben hier und jetzt ermöglichen; Ökonomie kann nicht den Tod bestechen, sein destruktives Tun einzustellen, wohl aber einen kompetenten Arzt motivieren, sein Bestes zu geben, auf dass wir lange gesund leben; himmlische Güter sind unbezahlbar, irdische sind einigermaßen verlässlich für Geld zu haben; auf hoher See und vor Gericht sind wir in Gottes Hand, aber ein gut bezahlter Top-Anwalt kann helfen, hohem Wellengang standzuhalten. Geld ist das Medium eines glänzend funktionierenden Kontingenzmanagements schlechthin – man kann mit ihm dies oder jenes oder auch gar nichts anstellen und es ruhen bzw. sich ruhig vermehren lassen. Geld lässt systematisch alternative Wahlmöglichkeiten aufscheinen. Alles kann anders sein, als es ist, wenn man Geld hat. Für zehntausend Euro kann man sich eine Einbauküche oder einen neuen Kleinwagen, eine luxuriöse Kreuzfahrt oder die Anzahlung für einen Bausparvertrag, einen spannenden Casino-Abend oder eine Spende für eine karitative Organisation leisten. Was nichts anderes heißt als dies: Geld ist auf Erlöse, nicht auf Erlösung fokussiert.

Die Affinität von Religion und Ökonomie findet in der Nähe und Differenz ihrer jeweiligen Kontingenzbewältigungsstrategien ihren stärksten Ausdruck. Schnell ist nachvollziehbar, was Ökonomie im Vergleich zu Religion so attraktiv und – so verachtenswert macht. Ökonomie backt kleinere Brötchen als Religionen es tun, aber diese Brötchen erlösen uns tatsächlich von Hunger. Fast alle Religionen kennen die Spannung von Heil und Heilung, die im Christentum besonders markant ausgeprägt ist. Jesus Christus verspricht nichts Geringeres als das Heil schlechthin, nämlich die Auferstehung von den Toten und das ewige Leben; er beeindruckt aber erst einmal durch eine Reihe von Wunderheilungen. Heilungen verhalten sich zum Heil wie Kleingeld[24] zum grenzenlosen (wie gedeckten?) Scheck, der einst gegen uneingeschränktes Heil eingelöst werden kann. Heilungen und Erlöse sind so etwas wie die begrenzte Ökonomie innerhalb der entgrenzten Religion. Man kann das auch schärfer ausdrücken: Religionen müssen großmäulig daher kommen, sonst sind sie keine Religionen. Wer bei der Abendmahlfeier Brot und Wein oder bei der Heiligen Kommunion die geweihte Oblate verzehrt, tut dies nicht, um seinen irdischen Hunger zu stillen und geheilt zu werden, sondern um des Heiles und der Erlösung willen. Unterhalb der Ebene von Paradies, Heil und ewigem Leben machen es Religionen zumeist nicht[25]. Wohl aber die Ökonomie. Sie verspricht nicht Erlösung, sondern Erlöse, nicht Heil, sondern Heilung; sie verweist nicht auf das totaliter aliter, sondern auf alternative Werte, die hier und jetzt erreichbar sind, obwohl wir in einer Welt voll systematischer Knappheiten leben müssen.

Ökonomie ist im Vergleich zu Religion durch und durch bescheiden, glanzlos und – nun eben – profan. Also ist profanes Wirtschaften in den Augen aller wahrhaft Gläubigen wert, verachtet zu werden. Ein basso continuo der Verachtung von Seiten religiöser, theologisch und auch philosophisch hochgestimmmter Köpfe trifft die ökonomische Sphäre. Schulter an Schulter mit dem Hohepriester macht der Krämer keine gute Figur, wenn, ja wenn sich der Hohepriester nicht allzu sehr diskreditiert und blamiert. Das haben sogar Köpfe wie Hegel oder Nietzsche, die keine frommen Kirchensöhne waren, so gesehen. „Trostlose Zeiten der Wahrheit, wo vorbei ist alle Metaphysik, Philosophie, – nur Philosophie gilt, die keine ist"[26], heißt es lange vor dem Siegeszug der analytischen Philosophie im Kontext der Kritik an Kants Widerlegung des ontologischen Gottesbeweises in Hegels *Vorle-*

sungen über die Geschichte der Philosophie. Dass die Epoche der Metaphysik vorbei ist, dass sie und mit ihr die Ontotheologie, um mit Heidegger zu formulieren, „verwunden" ist, ist nicht das Resultat der tiefsinnigen Denkanstrengungen von Spinoza, Kant, Feuerbach und Nietzsche, sondern ein Effekt ökonomischer und medialer Entwicklungen. Umso erstaunlicher ist es, dass Hegel wie Nietzsche das Ende der Metaphysik betrauern bzw. den letzten Menschen verachten, der sich in postmetaphysischen Zeiten ökonomisch eingerichtet hat und mit seinen Beständen rechnet. Man muss sich vergegenwärtigen, dass Zarathustras Scheltrede auf den letzten Menschen aus dem Munde desjenigen kommt, der soeben den „älteste(n) Parasit(en) der Welt, die Überwelt,"[27] destruiert hat. Der schärfste Kritiker der Metaphysik, die Nietzsche mit mehr als nur altphilologischem Recht als „Hinterwelt" (eine präzise Übersetzung des griechischen Wortes Meta-Physik) begreift, kann sich mit den späten Bewohnern dieser Welt nicht anfreunden: „Wehe! Es kommt die Zeit, wo der Mensch keinen Stern mehr gebären wird. Wehe! Es kommt die Zeit des verächtlichsten Menschen, der sich selber nicht mehr verachten kann. / Seht! Ich zeige euch *den letzten Menschen.* / ‚Was ist Liebe? Was ist Schöpfung? Was ist Sehnsucht? Was ist Stern?' – so fragt der letzte Mensch und blinzelt. / Die Erde ist dann klein geworden, und auf ihr hüpft der letzte Mensch, der alles klein macht. Sein Geschlecht ist unaustilgbar wie der Erdfloh; der letzte Mensch lebt am längsten. / ‚Wir haben das Glück erfunden' – sagen die letzten Menschen und blinzeln. / Sie haben die Gegenden verlassen, wo es hart war zu leben: denn man braucht Wärme. Man liebt noch den Nachbar und reibt sich an ihm: denn man braucht Wärme. / Krankwerden und Mißtrauen-haben gilt ihnen sündhaft: man geht achtsam einher."[28]

Ökonomie ist nicht nur im direkten Vergleich mit Religion eine profane Angelegenheit. Aber so profan ist sie nun auch wieder nicht. Die durch ökonomische Erfolge/Erlöse bedrängte Religion kehrt im Incognito der Ökonomie selbst wieder. Ökonomie wird glaubens- bzw. kreditbedürftig und stillt Glaubensbedürfnisse. Denn Immanenz ist so wenig ohne Transzendenz zu haben wie Transzendenz ohne Immanenz. Beide Begriffe und Sphären sind symbiotisch aufeinander angewiesen. Religion muss sich innerweltlich bewähren; es macht etwas her, wenn Jesus Christus Kranke heilt, Verzweifelte tröstet und als Gottessohn ganz Mensch geworden ist; es überzeugt, wenn die Bodentruppe Gottes sich integrer verhält als andere Menschen. Allzu weltlich-immanenten Dimensionen aber darf die religiöse Sphäre sich auch nicht annähern. In Bankenskandale sollten Kirchen nicht verwickelt seien, und Kindes- bzw. Messdiener-Missbrauch sollte nicht zu den ersten Assoziationen gehören, die sich einstellen, wenn man an Priester und Bischöfe denkt. Religion muss die Differenz von Immanenz und Transzendenz als eine transzendente Unterscheidung begreiflich machen. Strukturhomolog stellt sich das Verhältnis von Transzendenz und Immanenz aus ökonomischer Perspektive dar; sie muss die Transzendenz-Immanenz-Differenz von der Immanenz her begreifen und gestalten. Ökonomie muss daran gelegen sein, mehr als „nur" innerweltlichem Mangel abzuhelfen. Der Mensch lebt nicht vom Brot allein, das wissen auch ökonomisch denkende und handelnde Menschen. Nicht umsonst ist dem ökonomischen Wert-Begriff eine transökonomische Semantik nicht auszutreiben. Auch der Ökonomie geht es nicht nur bei Symposien über Ethik und Wirtschaft um mehr als nur innerweltliche Werte. Geld als das Leitmedium (nicht nur, aber erst einmal!) der Ökonomie ist auch deshalb so faszinierend, weil es einer anderen Zeitordnung als irdische Güter unterliegt. Es sollte zeitlos und quasi-transzendent sein; man sollte es testamentarisch über die eigenen Lebensdaten hinaus bewahren und weitergeben können; es sollte sich für einen „guten Zweck" qualifizieren; Kirchen sollten ein entspanntes Verhältnis auch zu pecuniären Opfergaben entwickeln dürfen.

Mit einem Wort: Geld ist die reine, transzendentale Sphäre der Wirtschaft – und eben deshalb so von unreiner Profanität bedroht wie der Gott, der sich ganz auf diese Welt einlässt. Gerade in den Jahren vor dem durch den Zusammenbruch der Lehman-Brothers-Bank im September 2008 ausgelösten Beben der westlichen Finanzmärkte war ein Thema und eine These in den A-Journals der Volkswirtschaftslehre besonders beliebt und mit Nobelpreisen gesegnet: die von der besonderen Effizienz und Transparenz der Finanzmärkte. Das Argument ist auch Laien nachvollziehbar: Güter- und Arbeitsmärkte sind unrein, weil Güter verderben können, weil sie Lagerkosten verursachen, weil sie auf dem Transport verloren gehen können oder weil sie mit Materialfehlern behaftet sind; und Arbeitskräfte können von Epidemien geschwächt werden, streiken, apathisch werden oder auf dumme Gedanken kommen. Nicht so das Geld. Es ist rein und zumindest als electronic money fast so körperlos wie der Heilige Geist; es verursacht auch keine Lager- und Transportkosten. Reine Finanztransaktionen sind anders als Zahlungen für Güter, Dienstleistungen und Arbeit auch (fast) transaktionskostenfrei. Alle Informationen sind für alle transparent auf den Finanzmärkten eingepreist, deshalb kann kein einzelner Akteur den Finanzmarkt schlagen. Der Finanzmarkt allein weiß alles.

Und also kann man messerscharf schließen, dass Finanzmärkte besonders effizient und transparent funktionieren, wie der reine, der Heilige Geist. Jesus Christus mag sich, da er ganzer Mensch und ganzer Gott ist, in die unreinen Paradoxien verwickeln, ohne die ein Leben auf dieser Erde nun einmal nicht zu haben ist; der Heilige Geist ist davor pfingstlich gefeit. Geld ist der Logos der Wirtschaft.

3 Transsubstantiationen – Die spezifische Ökonomie des Christentums

Wie man Werte schaffen, Arbeit organisieren, Güter verteilen, Armen helfen, Reichen begegnen, Göttern opfern, Zinsen beurteilen, Steuern zahlen, Almosen geben und überhaupt wirtschaften soll, ist ein Problem, auf das alle Religionen mehr oder weniger ausdrücklich Antwort zu geben versuchen. Gerade deshalb ist die von Max Weber am entschiedensten gestellte Frage naheliegend, ob es ein schierer Zufall sei, dass sich die unbestritten produktivste (und nach Meinung vieler auch riskanteste, jedenfalls risikofreudigste) Form des Wirtschaftens, die kapitalistische, zuerst im Umkreis der christlichen Religion entfaltet hat. Vor der Erörterung der Genesis spezifisch kapitalistischen Wirtschaftens ist es jedoch geboten, den elementaren Zusammenhang von Geldverkehr und starker Transzendenz-Religion zumindest ansatzweise zu klären. Es ist auffallend, dass die Erfindung von Geld und Transzendenzreligion in derselben Epoche in derselben Weltregion statthat: nämlich um 700 v.Chr. im ionischen Raum.[29] Die Endredaktion der Thora bzw. der fünf Bücher Moses in ihrer uns heute vertrauten Gestalt fällt in die Zeit um 400 v. Chr.; die Texte haben jedoch eine schriftlich-mündliche Vorgeschichte, die bis in die Zeit um 1000 v. Chr. zurückreicht. Die von Karl Jaspers so benannte und viel diskutierte „Achsenzeit"[30] um 700-600 v. Chr. hat aus leicht nachvollziehbaren Gründen viel Aufmerksamkeit auf sich gezogen; sie ist mit Formeln wie „vom Mythos zum Logos"[31], „Entdeckung des Geistes"[32], „Geburt des Logos"[33] oder „Entstehung des Politischen"[34] charakterisiert worden. Gemeinsam ist den Autoren, die diese Formeln geprägt haben, eine hohe Aufmerksamkeit für den Abstraktionsschub, der um 700 v. Chr. den östlichen Mittelmeerraum (mit Jaspers: zur selben Zeit auch den fernöstlichen Raum) ergreift: es setzt sich der Typus logischen Denkens, Argumentierens und Abstrahierens (mit Nietzsche zu sprechen: der „Sokratismus") durch. Gemeinsam ist denen, die diese bekannten Formeln geprägt haben, jedoch eine rätselhafte Geldvergessenheit.[35] Dass Geld bei der Emergenz des Logos, des Geistes, der Abstraktion und beim politischen Austarieren zwischen der privaten und der öffentlichen Sphäre eine, wenn nicht die entscheidende Rolle gespielt hat, kommt ihnen nicht in den Sinn.

Abstraktionen kommen ohne Tiefenstrukturen nicht aus. Die sich um 700 herausbildenden buchstabenfundierte Schriftsysteme (etwa das Hebräische oder das griechische Vokalalphabet) sind Inbegriffe der Abstraktion. Symbolisieren sie doch nicht über bildhafte Ähnlichkeitsbeziehungen das, was man ‚Wirkliches' nennt, sondern analytisch die Einzellaute, aus denen sich Sprechen konfiguriert – ein bemerkenswerter, hochabstrakter, aber eben auch hocheffizienter, von allen einzelnen Subtilitäten absehender Umweg. Abstrakt und konsequenterweise mit einem strikten Bilderverbot versehen emergiert im Ägypten Echnatons und in der ägypto-jüdischen Kultur[36] mit der Lautschrift auch ein einziger allmächtiger Gott, der für „alles" und nicht mehr nur für Einzelsphären wie Ernte, Liebe, Wasser oder Krieg zuständig ist. Und es betritt das (Münz-) Geld die Bühne, das wie Gott für „alles" Einzelne zuständig ist – es gibt so gut wie nichts, das sich nicht durch einen Geldwert signifizieren ließe. Geld ist nun im Vergleich zu Schrift und monotheistischem Gott die Abstraktion der Abstraktion. Denn so, wie alles sich auf den einen Gott beziehen lässt, so lässt sich schlechthin alles auf das Universalmedium Geld beziehen. Monotheismus und Moneytheismus sind wahlverwandt.[37] Geld ermöglicht die ungeheuer abstrakte Leistung, von allen konkreten und dinghaften Einzelbestimmungen abzusehen und gerade dadurch Wertäquivalenzen zwischen unterschiedlichsten Dingen und Dienstleistungen zu sehen. Diese Lebensberatung durch einen Sophisten hat mit diesem Krug Wein, dieser seinerseits hat mit einem Kleidungsstück und dieses Kleidung hat mit einem Huhn nichts, aber auch gar nichts gemeinsam. Alle vier aber können denselben Wert haben, dasselbe kosten oder im Hinblick auf ihren Wert verglichen werden – abstrakt, wie denn sonst?

Münzgeld (um von Schuldverschreibungen zu schweigen, die logisch und chronologisch früher sind als Münzen) ist ein innerweltliches Ding mit bemerkenswert geringem Gebrauchswert. Aber es kann (fast) „alle" Gebrauchswerte erschließen: Getreide und Wein, Land und Gebäude, Dienstleistungen incl. Sex und Kleidung, Gastzimmer und Theaterbesuche. Möglich wird diese bemerkenswerte Leistung, weil Geld ein allgemeines Wert-Äquivalent und Geldwert ein Wert jenseits aller direkt-konkreten Gebrauchswerte ist.[38] So wie Gott alles sieht, kann Geld alles begleiten und im Hinblick auf seinen Wert signifizieren. Beide, Gott und Geld, sind zugleich und in eigentümlicher Weise weltimmanent und transzendent. Man kann mit ihnen unmittelbar nichts anfangen, mittelbar aber Zugang zu allem erhalten, was eigentlich zählt, Gewicht und Wert hat. Die chronologische und logische Gleichursprünglichkeit der Erfindung von Geld und Transzendenzreligion sorgt für eine Paarbildung, die die folgenden Epochen der Geistes- wie der Wirtschaftsgeschichte (um von der Weltgeschichte zu schweigen) begleiten wird. Kein Wunder, dass Umbruchzeiten immer auch Neukonstellationen im Gott-Geld-Verhältnis mit sich bringen.

Bemerkenswert ist es erst einmal, dass das in der griechisch-römischen Antike expandierende Medium Geld durch die frappanten Erfolge der christlichen Religion und ihres spezifischen Massenmediums Abendmahl in Spätantike und Mittelalter ausgebremst wurde (die dazu an anderem Ort[39] vorgetragenen Überlegungen sollen hier nicht erneut ausgebreitet werden). Ein Prozess, der nur möglich ist, weil Geld und Gott strukturverwandt sind. Dass in der europäischen Neuzeit dann eine Neujustierung des Verhältnisses von Gott und Geld stattfindet, ist keine umstrittene These; warum und wie dies der Fall ist, ist hingegen stets erneut und unterschiedlich analysiert wurden.[40] Max Webers Antwort auf diese Frage ist bekannt, sie wird bis heute lebhaft diskutiert: ausgelöst und getragen wird die ungeheure Dynamik kapitalistischen Wirtschaftens durch den Geist der protestantischen Askese und der personalisierten Suche nach Heil, die den Gnadenmittelversprechungen der allzu irdischen Kirche misstraut.[41] „Nicht Geldgier, nicht Gütersucht, nicht der Wunsch nach Steigerung materiellen Wohlstandes, auch nicht einfach ein rationales Mehrwertstreben als solches, liegen dem modernen Wirtschaften als Antrieb zugrunde, sondern das Streben nach einem gänzlich immateriellen Ziel: das genuin religiöse Interesse an überweltlichem Heil. ‚Innerweltliche Askese' heißt darum die Formel, in die Weber die religiöse Wurzel des kapitalistischen Geistes zusammenzieht."[42]

Weniger bekannt, aber nicht weniger plausibel als Max Webers These ist die von Jacques LeGoff[43], derzufolge lange vor Luthers Reformation das der Bibel gänzlich unbekannte Fegefeuer theologisch erfunden werden musste, um die Logik der christlichen Religion mit der der Wirtschaft kompatibel zu machen. Das Purgatorium ist eine Bank, die zwischen Soll und Haben, Hölle und Himmel, Verdammnis und Erlösung vermittelt und die Heils-Risiken managt.[44] Ihr Kerngeschäft besteht darin, absolute Werte, nämlich ewige Verdammnis oder ewiges Heil, in kleinere Scheine zu übersetzen. Das Purgatorium stellt der Theologie ökonomische Denkfiguren und ein handfestes Finanzsystem (Ablasshandel!) zur Verfügung. Unternehmer und Unternehmen können nicht nur entweder Bankrott gehen oder aber auf Dauer herrschende Monopole werden, sie können auch Kredite aufnehmen, diese abstottern und sich dann respektabel durchschlagen. Die Erfindung des Fegefeuers bringt die Theologie auf Banker-Niveau, lange bevor es ein komplexes Bankensystem gibt. Für diese oder jene Sünde muss man büßen, aber eben nicht ewig büßen. Man kann sich von Schuld befreien wie von Schulden. Das Purgatorium ist ausdrücklich für diejenigen da, die in dieser der Erlösung harrenden Welt gar nicht anders als sündigen können und genau dafür büßen, aber eben kalkulierbar büßen müssen, vor allem für diejenigen, die sich auf die Zinsgeschäfte einlassen, deren Logik der des Fegefeuers so frappant entspricht. Die Erfindung des Fegefeuers ist die theologische Bedingung der Möglichkeit eines Bankensystems, das um Kredite, Risikohandel und Zinszahlungen herum organisiert ist.

Dieser Erklärungsansatz für die Genese des Kapitalismus hat im Vergleich mit dem von Max Weber den schwer zu bestreitenden Vorteil, dass er die Entstehung eines Bankenwesens im (selbstredend katholischen) Oberitalien ab dem 14. Jahrhundert, also lange vor Luthers Reformation plausibel machen kann. Auch das mit Abstand größte und langlebigste deutsche Bankhaus, das der Fugger, war (wie anders auch?) zur Zeit seiner Gründung im 15. Jahrhundert katholisch geprägt und blieb auch nach der Reformation dezidiert katholisch orientiert – und das im stark evangelisch geprägten Augsburg. Bekanntlich wurde die Reformation nicht zuletzt durch die Zumutungen ausgelöst, die der Ablasshandel, an dem sich die Fugger munter beteiligten, mit sich brachte. Sich durch Geldzahlungen von Fegefeuerjahren freizukaufen – das ist in der Tat ein verwegener Gedanke, mit dem sein Träger seinerseits ewige Höllenpein riskieren könnte. Erlöse und Erlösung in einen Tauschhandel treten zu lassen, ist aber eben genau der Gedanke, auf den die Erfindung des Fegefeuers zielt. Ablasszahlungen sind in der Welt der Lebenden, was Fegefeuerjahre in der Welt der Verstorbenen sind. Dass diese Transaktion theologisch gesehen hochgradig heikel, unrein und suspekt ist, lässt sich schwerlich bestreiten. Aber eben dazu ist das Fegefeuer ja da: Sünder von ihren unreinen Elementen zu reinigen und dadurch in langer, aber doch kalkulierbarer Zeit paradiesfähig zu machen. Die Purgatoriums-Theologie ist in der religiösen Sphäre, was die Infinitesimalrechnung in der Mathematik ist: sie konvertiert die unendliche Zeit Gottes in die endliche Zeit der Menschen, sie macht das Erhabene und Unberechenbare kalkulierbar.

Im Mittelpunkt der Purgatoriums-Theologie steht demnach die Idee einer frappierenden Konversion. Nämlich einer Konversion von Ewigkeit in Zeitlichkeit, von unendlicher Schuld in endlich tilgbare

Schulden, von Seelenheil in kaufbare Ware. Nun ist die Konversions-Idee ebenso abenteuerlich, wie sie in religionsphänomenologischer Hinsicht zugleich das spezifische Merkmal des christlichen Glaubens ist. Unbestreitbar kennen viele Religionen, die altgriechische voran, die Idee der Metamorphose. Dass ein Gott die Gestalt einer Pflanze, eines Tiers, eines Bettlers oder eines Einsiedlers annimmt, dass sich das Göttliche in Donner, Blitz, Feuersäulen und Sturm zeigt, ist ein Motiv, das vielen Religionen vertraut ist. Dass aber Gott selbst ganz Mensch wird, ist eine Botschaft, die nicht nur fromme Juden und Muslime zurückschrecken lässt. Dass Gott seinen eingeborenen Sohn in die Welt schickt, ist ein Geschehen, dass die prototypische Religionsdifferenz Transzendenz vs. Immanenz[45] geradezu systematisch unterläuft. Stärker als im legendären Weihnachtsgeschehen könnte die innerweltliche Qualität des Gottessohnes, der zugleich ganz Mensch geworden ist, nicht betont werden; eindringlicher, grausamer und bildträchtiger lässt sich menschliche Sterblichkeit nicht inszenieren, als es im Karfreitagsgeschehen der Fall ist. Hier hat sich nicht ein Gott listig, lustig oder lustvoll als Schwan, Stier, Quelle oder Amphitryon kostümiert, um mit Sterblichen (bevorzugt schönen Frauen) in (intimen) Kontakt zu treten. Im Stall von Bethlehem und am Kreuz auf Golgatha wird unmissverständlich der theologische Ernstfall geschaltet: Gott ist ganz Mensch geworden. Eine Kreuzestheologie kann, will und wird den naheliegenden Chiasmus nicht vermeiden, dass zumindest dieser eine Mensch, der da Jesus Christus heißt, zugleich ganz göttlich ist – warum sollten die Gläubigen ihm nicht nachfolgen? „Er wird ein Knecht und ich ein Herr, / Das mag ein Wechsel sein", heißt es im Evangelischen Gesangbuch (zumeist Lied 27, Text von Nikolaus Hermann). Das sind ebenso suggestive wie riskante Formulierungen, nicht nur deshalb, weil ‚Wechsel' auch ein Begriff der ökonomischen Sphäre ist, ein Begriff, der systematisch die Frage aufwirft, wie und wodurch er gedeckt ist.

Christentum ist theologische Wechselwirtschaft durch und durch. Mit einer elementaren Konversion von Worten in Sein und Seiendes, vom göttlichen Logos in Ontisches beginnt die Genesis. Gott spricht – und es wird, es entsteht, es wird geschaffen, es gibt alsdann Gewaltiges wie Himmel und Erde, Licht und Dunkelheit, Erde und Wasser, aber auch Subtileres wie Tiere und Pflanzen, dies oder jenes. Und um eine Konversion, eine Wandlung kreist das gesamte Neue Testament: das Wort ward Fleisch und wohnt seitdem mitten unter den Menschen. Die beiden zentralen (vom Katholizismus wie Protestantismus geteilten) christlichen Sakramente der Taufe und des Abendmahls gelten dem Verhältnis von Worten und Seiendem bzw. Dasein. Im Taufsakrament werden Körper und Geist, Soma und Sema, Fleisch und Eigenname symbiotisiert. Im Namen des Vaters, des Sohnes und des Heiligen Geistes wird ein sprachloses Wesen, ein infans, in die Ordnung des göttlichen Logos initiiert, auf dass es mit seinem Eigennamen gerufen werden könne (wobei der Eigenname paradoxer Weise Inbegriff der Heterologie, semantischer Fremdbestimmung, der Nicht-Selbst-Benennung ist). Die Eucharistie überbietet noch diese Tauf-Konstellation von Sprache und Sein. In der Eucharistiefeier wandelt sich kraft des göttlichen Logos die Hostie in den Leib des Herrn, für uns gebrochen, und der Wein in das Blut des Herrn, für uns vergossen. Eine Transsubstantiation in der Sphäre des Ontischen, die das Seiende aber mit außerordentlichem Sinn auflädt – anwesend ist in Brot und Wein nach der Wandlung keine geringere als die Größe, die uns von allen quälenden Fragen nach dem Sinn von Sein, Zeit und Dasein erlöst[46]. Eine Transsubstantiation, die an die frühste Wandlung von göttlichen Genesis-Worten in kosmische Existenz und an die Wandlung erinnert, die Gottes Sohn durchmacht, wenn er als Menschensohn auf Erden erscheint. In den kanonischen Worten des Johannes-Evangeliums: „Das Wort ward Fleisch und wohnte mitten unter uns." (Joh. 1,14)

Keiner anderen als der prototypisch christlich-sakramentalen Idee der Wandlung ist nun aber der Geldverkehr verschrieben. Vertrauen verdient das Geld dann und nur dann, wenn es sich in anderes als Geld, nämlich in Waren (incl. Dienstleistungen) wandeln lässt. Geldverkehr ist nichts anderes als die Veralltäglichung der sonntäglichen Transsubstantiation. Der Geldverkehr inflationiert und profaniert damit selbstredend die Heilige Messe; Geld wandelt die Wandlung in permanentes Geschehen. Das eigentliche Wirtschaftswunder besteht nicht in unerwartet hoher Prosperität (wie in der bundesdeutschen Nachkriegszeit), sondern darin, dass sich weltweit jederzeit und milliardenfach Transsubstantiationen schalten lassen und funktionieren. Man gibt metallene, papierne oder elektronische Geldzeichen her und preis, um dafür ein handfestes innerweltliches Gut oder eine Dienstleistung zu erhalten. Diese Handlung / Wandlung ist uns so selbstverständlich geworden, dass wir ihren Zauber nicht mehr als Zauber und Wunder wahrnehmen. Wie auch sollte, was unendlich häufig geschieht, zauberhaft und wunderbar sein?

Wunder müssen Ausnahmen sein, sie dürfen nicht massenproduziert werden. Dennoch ist der monetäre Verwandlungszauber in mindestens zwei Hinsichten noch faszinierender als der der eucharistischen Wandlung. Denn das Geldzeichen lässt sich erstens, wie Goethe lakonisch feststellt, anders als die Hostie, die nur auf eine, freilich entscheidende, Wandlung hin disponiert ist, „in alles wandeln", in Waren, Dienstleistungen, Ruhm, Anerkennung, Sicherheit, Macht, Gesundheit, per Ablass gar in Seelenheil. Und das Geldzeichen, das mehr ist als nur andere Zeichen, weil es einen Wandlungs-Mehrwert hat und weil es alles andere als arbiträr ist, bleibt zweitens auch nach seiner Wandlung in eine Ware oder Dienstleistung erhalten, um eine nicht absehbare weitere Folge von Wandlungen freizusetzen. Ein Sakrileg, das kirchlicherseits auch ausdrücklich so behandelt wird, wäre es hingegen, die geweihte Oblate weiter zu verwenden (etwa als Zugabe beim sonntäglichen Mittagessen, als Notizzettel oder als Wandschmuck) bzw. erneut für Wandlungszwecke zu recyclen. Münzen und Hostien gibt es in unübersehbarer Zahl. Doch die Hostie ist unifunktional, Geld in allen Erscheinungsformen ist hingegen polyfunktional. Die Hostie, die eine eschatologische Funktion erfüllt und uns schon in diesem Leben einen Vorgeschmack des ewigen Lebens gibt, muss verschwinden und verzehrt werden. Geld, das sich so glänzend auf die endliche Welt reimt, überlebt hingegen seine Besitzer. Trotz dieser weitreichenden Differenzen bleibt die starke Gemeinsamkeit, dass die Hostie wie das Geld durch ihre Transsubstantiationskraft zu faszinieren vermögen.

Dichtern wie Goethe und Hugo von Hofmannsthal, die über eine starke binnenethnologische Begabung verfügten, die also zwischen Teilnehmer- und Beobachterperspektive souverän zu wechseln verstanden, ist die starke Struktur- und Funktionshomologie von Hostien und Münzen aufgefallen. „Dies Metall lässt sich in alles wandeln"[47], spricht der Geiz vom Münzgeld in der Mummenschanz-Szene von *Faust II*, und dies in einem Kontext, der seinerseits systematische Wandlungen zwischen der religiösen und der ökonomisch-monetären Sphäre evoziert (um von den erotischen Schwingungen zu schweigen, die durchaus auf die biblische Genesis und die Kraft göttlich-menschlichen Zeugens verweisen). Du „gibst ... dem Mammonsbeutel Ehr, / Als obs das Tabernakel wär", sagt in Hugo von Hofmannsthals *Jedermann* des Schuldknechts Weib zur Titelfigur. Und Jedermann antwortet kühl: „Ich gebe Ehr, wem Ehr gebühr, / Und läster nicht wo ich Macht verspür."[48] Beide Texte, Goethes *Faust* wie Hofmannsthals *Jedermann*, bedenken poetisch die chiastische Figur, die sich in der Neuzeit zwischen Gott und Geld, Abendmahl und Zahlungsverkehr, Hostie und Münze entfaltet: die eucharistische Transsubstantiation wandelt Immanenz in Transzendenz, nämlich irdisch vorhandene Gaben, und seien sie so reizvoll wie Brot und Wein, in überirdische Größen; die monetäre Transsubstantiation wandelt immanente Zeichen-Transzendenz in Immanenz, nämlich irdische Zeichen in irdische Waren. Religion, wie sollte es anders sein, hat welterlösenden Sinn zum Telos und beglaubigt deshalb die Wandlung von dinglich Vorhandenem in Überdingliches; Ökonomie hat ein entspanntes Verhältnis zu den schönen Dingen dieser Welt und ist doch noch logosgläubiger als die christliche Religion, denn sie lässt sich vom Medium Geld steuern, das Zeichen in Seiendes wandelt. Ohne verändertes Zeitmanagement ist dieser Chiasmus nicht zu haben. Zeitlichkeit und Endlichkeit müssen überwunden werden, so lautet das erlösungsfixierte und also transzendenzlastige Credo der christlichen Religion; time is money, so lautet das erlösfokussierte und also immanenzaffine Credo der Neuzeit.

4 Die kapitalistische Bonifizierung des Malum – Schöpferische Zerstörung

Die Geburt der Transzendenzreligionen, zumal der christlichen, aus dem Geist des Geldverkehrs sowie die Geburt der spezifisch kapitalistischen Ökonomie aus dem transsubstantiativen und purgatorischen Geist des Christentums sind ohne Geburtswehen nicht zu haben. Denn Wirtschaft wie Religion sehen sich ebenso schmerzlich wie systematisch mit moralisch-ethischen Problemen konfrontiert. Moralsensible Fragen wie die, warum ein Gott, der doch allmächtig und gut ist, das Böse und das Leiden zulässt, seinem eingeborenen Sohn einen Tod von auserlesener Grausamkeit zumutet oder bei der Auswahl der irdischen Vertreter seines Sohnes nicht immer beste Personalkenntnisse in Erscheinung treten lässt, sind schwer zu vermeiden. Vor ähnlichen Fragen nach Gut und Böse stehen Wirtschaftsordnungen: wie kann es sein, dass Arbeiter im sozialistischen deutschen Staat so viel schlechter leben als im kapitalistischen; ist es gerecht, wenn es Armen wie Reichen gleichermaßen verboten ist, unter Brücken zu nächtigen; ist die extrem ungleiche Verteilung der Vermögen wirklich durch unterschiedliche Leistung gerechtfertigt; ist die Leistung des Vorstandssprechers einer Pleitebank wirklich tausendmal mehr wert als die des Mannes mit dem Presslufthammer auf der Autobahnbaustelle? Nun haben Religion und Ökonomie auch diese Gemeinsamkeit, dass sie zwar keine genuinen Ethiken haben und vortragen, wohl aber Systeme sind, die wissen, wie problematisch es um ethisch begründete Imperative steht. Ohne Probleme keine Systeme – der systemtheoretische Merkvers bewährt sich auch hier. Religion hätte ein Problem, wenn es das Problem der Sünde und des Todes, den Paulus in religionsökonomischer Diktion als der Sünde Sold versteht[49], nicht gäbe; Ökonomie hätte ein nicht minder intrikates Problem, wenn es das Problem des Mangels nicht gäbe. Würden universal das Gute und die Fülle herrschen, gäbe es weder Religion noch Ökonomie. Das Böse bzw. Schlechte ist die Bedingung der Möglichkeit von Religion und Ökonomie; kein Wunder, dass beide intime Beziehungen wenn nicht zum Teufel, so doch zum Teuflischen entwickeln.

Von reinen Ethiken, wie sie Aristoteles, Kant oder die Diskurstheorie vorschlagen, distanzieren sich Religion und Ökonomie gleichermaßen. Sie haben, eben weil sie ein intimes Verhältnis zum Bösen bzw. Schlechten pflegen (müssen!), komplexere Probleme im Blick als die, die sich der ethisch reinen Beobachtung erschließen. Religion und Ökonomie sind auffallend einfallsreich, wenn sie begründen, warum reine, ethisch begründete Imperative nicht funktionieren können. Wie ein liebevoller und weiser Vater die Seinen auch mal strafen muss, um sie auf rechtem Wege zu führen, so muss Gott seinen Geschöpfen ab und an Ereignisse zumuten, deren Sinn sich ihnen nicht sogleich erschließt, so lautet ein beliebtes theologisches Argument bzw. Glaubensbekenntnis; was sich böse und schlecht ausnehme, sei nur eine notwendige Durchgangs- bzw. Kreuzesstation auf dem Weg zum ewigen Heil. Krisen und Zumutungen aller Art auf den Waren-, Arbeits- und Geldmärkten müssen hingenommen werden, weil sie notwendig seien, um neue und im Effekt produktivere Gleichgewichtszustände auf den Märkten herbeizuführen; der Markt wisse schon (wie Gott – aber das sagen Ökonomen nur selten), was er tue und wolle, auch wenn wir in unserer menschlichen Beschränktheit seine höhere Weisheit nicht immer sogleich akzeptieren können, so lautet das beliebte ökonomische Argument bzw. Glaubensbekenntnis.

„Wer ein Schöpfer sein muß im Guten und Bösen: wahrlich, der muß ein Vernichter erst sein und Werte zerbrechen. / Also gehört das höchste Böse zur höchsten Güte: diese aber ist die schöpferische,"[50] heißt es in Nietzsches unheiliger Schrift *Also sprach Zarathustra*, die systematisch auf die Paradoxien heiliger und glaubensbereiter Schriften hinweist. Nietzsches Wendung lässt sich nicht nur auf religiöse, sondern mindestens ebenso plausibel auf ökonomische Kontexte beziehen. Die Formel von der „schöpferischen Zerstörung" (im englischen Original „creative destruction"), die der Nietzsche-Leser und Nationalökonom Joseph Schumpeter in seinem 1942 erschienenen Buch *Kapitalismus, Sozialismus und Demokratie* prägte, ist geradezu sprichwörtlich geworden. „Die Eröffnung neuer, fremder oder einheimischer Märkte und die organisatorische Entwicklung vom Handwerksbetrieb und der Fabrik zu solchen Konzernen wie dem U.S.-Steel illustrieren den gleichen Prozess einer industriellen Mutation – wenn ich diesen biologischen Ausdruck verwenden darf –, der unaufhörlich die Wirtschaftsstruktur *von innen heraus* revolutioniert, unaufhörlich die alte Struktur zerstört und unaufhörlich eine neue schafft. Dieser Prozess der ‚schöpferischen Zerstörung' ist das für den Kapitalismus wesentliche Faktum. Darin besteht der Kapitalismus und darin muss auch jedes kapitalistische Gebilde leben."⁵¹ Ein intimes Verhältnis zur Zerstörung von Elementen seiner eigenen Schöpfung demonstriert auch der christliche Schöpfergott. Die Sintflut, die Zerstörung des Turms zu Babel, die Vernichtung von Sodom und Gomorra und die Opferung des eigenen Sohnes sind als abgründige Gottestaten selbst Köpfen gegenwärtig, die nicht zur Schar gründlicher Bibelleser zählen. Erträglich sind diese frappierenden Destruktionsleistungen des Schöpfers nur, wenn sie als schöpferische Zerstörungen plausibel gemacht werden können. Es ist jedoch zum Kummer vieler Ökonomen und Theologen nicht immer eine leichte Aufgabe, die von ökonomisch-theologischen Zerstörungen Betroffenen zur Einsicht in den kreativen Sinn von Destruktionen zu bewegen.

Der amerikanische Schriftsteller Philipp Meyer (er wurde im Jahr 2010 mit seinem Roman *Rost* auch in Deutschland bekannt) hat mehrere Jahre für die Schweizer Großbank UBS in New York gearbeitet und darüber eindringlich berichtet.⁵² Ihm sind nicht nur, wie so vielen, die transmoralischen Transaktionen der Banken ein Ärgernis, sondern eben auch die nicht mehr nur kryptotheologisch, sondern unmittelbar religiös zu nennenden Absolutionen, die ihnen zuteil werden. „Te absolvo" ist das Grundmantra der summenden Finanzmärkte und der brummenden sowieso. „Ich war am Aufbau von Derivaten beteiligt, die Geldströme zu Offshore-Holdings leiteten, damit die Reichen und die Großkonzerne keine Steuern bezahlen mussten. Wir hatten Anwälte auf den Cayman Inseln und in Jersey, die uns für ein Fixgehalt zur Verfügung standen – ein schneller Anruf, und alles wurde geregelt, an der Steuer vorbei. In unserer Kultur war *Der Markt* zu einer nahezu religiösen Größe geworden; die Industrie, die Gesellschaft und die Politik huldigten ihm allesamt. / Es ist ziemlich klar, was *Der Markt* nicht mag. Er mag nicht genauer beobachtet werden. Er mag keine Gesetze, die sein Verhalten regeln. Er mag keine Waren, die in den Ländern der Ersten Welt produziert werden, ebenso wenig Arbeiter, die hohe Löhne bekommen, mit Ausnahme der Angestellten des Finanzsektors wohlgemerkt. (…) Ein ganzer Zweig der Wirtschaftswissenschaften beschäftigt sich nur damit zu beweisen, dass man, wenn man jemandem hilft, sagen wir, wenn man einen anderen Menschen vor einem heranrasenden Zug in Sicherheit schubst, eigentlich nur aus Eigennutz handelt, nicht aus Menschenliebe; und dass die – nach Ansicht der meisten – größten Tugenden der Menschheit, nämlich Liebe, Ehr- und Mitgefühl, in Wahrheit gar nicht existieren. (…) Wenn dein Gehalt die Arbeitsplätze von ein paar hundert Krankenschwestern oder Lehrern finanzieren könnte, brauchst du eine gute Erklärung, warum das in Ordnung ist. Und die einzige, die funktioniert, erklärt die Welt zur reinen Leistungsgesellschaft. Sie besagt, wir alle, ob reich oder arm, kriegen alle nur, was wir verdient haben." Was wir im vielfachen Wortsinne verdienen, entscheidet allein Gott bzw. der Markt. Man muss kein großer Psychologe sein, um die starke Entlastungsfunktion dieses Glaubensbekenntnisses zu verstehen. Wir ruhen alle in Gottes Hand, auch wenn wir seine höheren Einsichten nicht immer nachvollziehen können, und wir werden alle von der invisible hand des Marktes beunruhigt, dürfen aber ihrer ordnenden Kraft, welche höher ist denn alle menschliche Einzelvernunft, vertrauen. Weil das so ist, werden Akteure an den Finanzmärkten, wie sie Philipp Meyer erfahrungsgesättigt beschreibt, sich auch nicht von Worten eines bundesdeutschen Ex-Finanzministers wie Peer Steinbrück beunruhigen oder gar aus dem Takt bringen lassen. „Es gibt in dieser Republik eine teilweise sehr juvenile, abgehobene, auf persönlichen Gewinn ausgerichtete Schar von Beratern, Investmentbankern, Anwälten. Die spüren, wenn überhaupt, nur eine geringe Gemeinwohlverpflichtung. Und ich werde an dieser Stelle durchaus leidenschaftlich: es gibt sie, und ich muss mich nicht dafür rechtfertigen, dass ich sie so beschreibe. Es ist erlaubt, den Blick nicht nur auf ein Prekariat zu richten oder Sozialmissbrauch zu thematisieren, sondern auch auf die oberen Etagen zu schauen. Zu dieser Krise (der internationalen Finanzmärkte im September 2008 nach der Pleite der Lehmann-Brothers-Bank, J.H.), der schwersten der Nachkriegszeit, wäre es nicht gekommen, wenn wirtschaftliche Akteure sich verantwortungsbewusster verhalten hätten."[53]

Äußerungen wie die soeben zitierten von Philipp Meyer und Peer Steinbrück sind von schwer zu bestreitender Plausibilität. Populär sind sie auch. Um so dringender ist zu klären, warum dennoch unablässig das Falsche oder doch das, was in den Augen der allermeisten das Falsche ist, geschieht, und dies noch ausgerechnet in Sphären, die sich nicht zu Unrecht als demokratisch und rechtsstaatlich beschreiben. Die Antwort zielt ins Zentrum auch der Max-Weber-Frage nach den Gründen der spezifisch neuzeitlich-europäischen Wirtschafts- (und Wissenschafts-) Dynamik. In Mitteleuropa und nur in dieser Sphäre hat es in der Neuzeit eine offensive Rechtfertigung des Bösen gegeben. In philosophischer Diktion: die Bonifizierung des malum[54], poetisch gesprochen: sympathy for the devil[55] ist ein Tabubruch, dessen Legitimation unübersehbare (und unbestreitbar produktive!) Folgen hat. Dieser Tabubruch lässt sich präzise datieren, und er wurde auch sofort als ein solcher wahrgenommen und skandalisiert. Er reicht weit hinter

Schumpeters Theorem von der schöpferischen Zerstörung zurück ins Jahr 1714. Damals veröffentlicht der in Holland geborene, in England lebende Arzt und Sozialtheoretiker Bernard Mandeville seine berühmte bis berüchtigte Bienenfabel, die schon im Untertitel ihre These klar ausspricht: *The Fable of the Bees: or, Private Vices, Publick Benefits*.

Das Argument ist bekannt und nach anhaltendem Widerstand, der von christlichen Sozialethikern bis zu Kommunisten reichte, mittlerweile auch weitgehend anerkannt: es ist gut, das Böse, nämlich private Laster wie Egoismus, Gewinnstreben, Eitelkeit, Konsumgier, Luxusbedürfnisse und Ausbeutungslust nicht im Namen hoher moralisch-religiöser Normen zu bekämpfen. Und es lohnt sich umgekehrt, denjenigen gründlich zu misstrauen, die den Mitmenschen allzu aufdringlich Gutes antun wollen, etwa folternden Inquisitoren, die Seelen vor der ewigen Verdammnis retten wollen, Jakobinern, die Laster bekämpfen und Tugendterror kultivieren, oder Gotteseiferer, die gerne mal ein paar Tausend Ungläubige in den Tod schicken[56]. Wer das Böse und die Bösen nicht mit Stumpf und Stiel ausrotten will, sondern ein gelassenes Verhältnis zu ihm und ihnen ausbildet, ist zwar nicht vollendet tugendrein, aber doch besser (und klüger!) als die allzu fanatischen Parteigänger des Guten. Denn „private vices" wandeln sich – Wandlungen, Transsubstantiationen also auch hier! – in „public benefits": alle profitieren davon, wenn jeder nur an sich denkt (gemäß der Klage „alle denken nur an sich, nur ich, ich denke an mich"). Der Bauer ackert nicht, der Bäcker backt nicht, der Schuster schustert nicht und der Maurer mauert nicht, um seinen Nachbarn, den Mitmenschen und Gott eine Freude zu bereiten und Gutes zu tun, sondern um Geld zu verdienen und selbst besser leben zu können. Und von dieser Freigabe des Egoismus aus den Fesseln moralinsaurer Normen profitieren alle, weil Egoismus im Vergleich zum moralischen Altruismusgebot das effektivere Produktionsmotiv und Stimulans ist. Selbst die christliche Religion verlangt ja nicht, den Nächsten mehr als mich selbst, sondern nur wie mich selbst zu lieben. „Liebe deinen Nächsten wie dich selbst." (Gal. 5,14 und Jak. 2,8). Dass man für den Nächsten mehr tut, wenn man das gar nicht will, sondern erst einmal nur an sich denkt, ist der skandalöse heiße Kern der Bienenfabel. Sie manifestiert einen „Prozess der Entmoralisierung des wirtschaftlichen Handelns"[57]. In den penetrant gut gelaunten Versen Mandevilles klingt das so:

Thus Vice nursed Ingenuity,
Which join'd with Time, and Industry,
Had Carrie'd Life's Conveniencies,

It's real Pleasures, Comforts, Ease,
To such a Heigt, the very Poor
Lived better then the Rich before.[58]

Kein Wunder, dass die geistreiche und elegante Propaganda zugunsten der Laster, die Bernard Mandeville zu Beginn des 18. Jahrhunderts publizierte (eine frühe Fassung war schon neun Jahre zuvor anonym unter dem Titel *The Grumblig Hive: or, Knaves Turn'd Honest / Der aufmüpfige Bienenstock oder die seriös gewordenen Schurken* erschienen), auf entschiedene Kritik, ja auf Entsetzen traf. „Das Buch erregte Aufsehen; das sei schlimmer als Machiavelli und man buchstabierte Mandeville als *Man-Devil*. Ein Kritiker schrieb, es habe schon Vorkämpfer für alle möglichen fanatischen oder wunderlichen Sekten gegeben, aber ein kaltblütiger, entschlossener Verfechter von Laster und Luxus, das sei neu und noch niemals in der Welt gewesen."[59] Mit den kecken Thesen Mandevilles hat sich seinerzeit sogar das Obergericht von Middlesex befasst; es erklärte bündig, die *Bienenfabel* sei geeignet, „alle Religion und bürgerliche Herrschaft" umzustürzen – ein Vorwurf, der dem Buch weitere Publizität garantierte, gegen den sich Mandeville aber in der dritten Auflage von 1724 ausdrücklich, wenn auch nicht ganz ironiefrei wehrte.[60]

Mandeville, der teuflische Mann (Man-Devil), hatte seinen Tabubruch im Schutz des poetischen Diskurses vorgetragen. Dichtung hat weitaus größere Lizenzen, was Provokationen, Frechheiten, Ausprobieren abseitig scheinender Thesen, Bruch mit Traditionen etc. angeht, als Theorien, Philosophien und Theologien. Reizvolle Reime und suggestive Rhythmen können Türöffner für das inhaltlich eigentlich Inakzeptable sein und ihm einen Vertrauensbonus verschaffen. Mandeville macht von dieser Lizenz ausgiebig Gebrauch. Um so bemerkenswerter ist es, dass ein seriöser Kopf von Graden, Kind einer tiefreligiösen Mutter, anglikanisch auf den biblischen Namen Adam getauft, seines Zeichens Professor für Moralphilosophie an der Universität Glasgow, um so buchenswerter ist es, dass Adam Smith die poetischen Provokationen von Mandeville theoretisch nobilitiert – man könnte geneigt sein zu sagen: kanonisiert. In der 1776 erschienenen voluminösen Gründungsurkunde der klassischen liberalen Nationalökonomie, in *An Inquiry into the Nature and Causes of the Wealth of Nation* knüpft Adam Smith sachlich direkt, aber ohne Nennung des skandalisierten Autorennamens, an Mandevilles Bienenfabel an – ein klassischer Fall von poetisch induzierter Theoriebildung.

„Ich habe nie gehört, daß diejenigen viel Gutes bewirkt hätten, die vorgaben, im Interesse des allgemeinen Besten zu handeln", schreibt

Smith lakonisch.[61] Und im Passus unmittelbar davor übersetzt er Mandevilles freche Verse in akzeptable Theoriesprache, wenn er schreibt: „Da also jeder einzelne danach trachtet, sein Kapital möglichst in der heimischen Erwerbstätigkeit einzusetzen und diese Erwerbstätigkeit so auszurichten, daß die größte Wertschöpfung erfolgt, arbeitet jeder einzelne notwendigerweise drauf hin, das jährliche Volkseinkommen möglichst groß zu machen. In der Regel hat er ... weder die Absicht, das Gemeinwohl zu fördern, noch weiß er, wie sehr er es fördert. Wenn er die heimische Erwerbstätigkeit der ausländischen vorzieht, denkt er nur an seine eigene Sicherheit; und wenn er diese Erwerbstätigkeit so ausrichtet, daß die größte Wertschöpfung erfolgt, denkt er nur an seinen eigenen Vorteil, und dabei wird er, wie in vielen anderen Fällen auch, von einer unsichtbaren Hand geleitet, einem Zweck zu dienen, der nicht in seiner Absicht lag. Für die Gesellschaft ist es gar nicht immer von Schaden, daß dieser nicht in seiner Absicht lag. Indem er sein eigenes Interesse verfolgt, fördert er häufig das der Gesellschaft wirksamer, als wenn er sich tatsächlich vornimmt, es zu fördern."[62]

Unverkennbar ist, dass Adam Smith das Mandeville-Paradox („Fraud, Luxury, and Pride must live; / Whilst we the Benefits receive") abfedern will. Das geschieht mit einer zweifachen Strategie: gegen verbreitete Rezeptions-Vorurteile ist Adam Smith ständig bemüht, die von Mandeville entgrenzten privaten Laster durch moralische Appelle, vor allem aber durch ein funktionierendes Rechtssystem einzuhegen. Mit einem Wort: Adam Smith ist ein Ordo-Liberaler. Und er, der auch im Hinblick auf die (nicht nur schottischen) Religionskonflikte stets für konfessionelle Toleranz geworben hat, ist zugleich jemand, der die befremdliche Idee, private Laster nicht übermäßig zu tribunalisieren, in einen religiösen Kontext stellt. Ist die berühmte Formulierung von der „invisible hand" doch eine bestens etablierte theologische Figur[63]. Im Hebräischen meint das Wort ‚jad' zugleich ‚Macht' und ‚Hand', und mit diesem Doppelsinn spielen viele Bibelverse (vgl. etwa Ps 21,9 – die Hand als Zeichen des Zorns Gottes oder Ps 104,28 – die Hand als Zeichen der Güte Gottes). Die unsichtbare, aber klug über menschliche Verstandes-Grenzen hinaus leitende Hand Gottes wird im Alten wie im Neuen Testament mehrfach bemüht, etwa im Buch Hiob, das ja auch ein Buch über den ökonomischen Aufstieg und Fall einer Familienfirma ist. Da heißt es: „JCh wil euch leren von der hand Gottes / vnd was bey dem Allmechtigen gilt / wil ich nicht verhelen. Sihe jr haltet euch alle fur klug / Warumb gebt jr denn solch vnnütze ding fur?" (Hiob 27, 11-12, Luther-Bibel von 1545). Und Petrus fordert in seinem Brief an die Gläubigen eben diese auf zu glauben, dass Vertrauen in die gewaltige Hand Gottes eine gute Investition ist. „Demütiget euch nu vnter die gewaltige hand Gottes / das er euch erhöhe zu seiner zeit. *Alle ewer sorge werffet auff jn / Denn er sorget fur euch*" (1. Petrus 5,6-7, vgl. die Wendung von der Hand Gottes 1. Samuel 5,11; Esra 7,9; Hiob 19,21; Markus 16,19; zum Finger Gottes Exodus 8,15, Deuteronominum 9,10).

Nicht nur die Metapher von der unsichtbaren Hand des Marktes hat ihre göttliche Vorgeschichte[64]. Auch der Glauben daran, dass es sich lohnen könne, dem Bösen eine Chance zu geben, lässt sich auf die Bibel und zumal die paulinischen Passagen des Neuen Testaments zurückdatieren. Mandevilles bzw. Adam Smith' Tabubruch hat also seine spezifisch christliche Vorgeschichte. Heikle Paulus-Worte drücken die Bedingung der Möglichkeit einer Rechtfertigung des Bösen fragend, aber klar aus: „Lasset vns vbel thun / auff das gutes daraus kome?" (Römer 3,8) Übles und Böses tun, auf dass Gutes daraus entspringe: knapper und präziser kann man die Kernthese von Mandeville und Adam Smith nicht antizipieren.[65] Bei der Formulierung aus dem Brief des Paulus an die Römer handelt es sich nicht um einen befremdlichen Ausrutscher, auch im 2. Korintherbrief (12, 10) bezeugt Paulus, sich ausdrücklich seiner Schwachheit rühmend, die Gewissheit, gerade dann stark zu sein, wenn er schwach ist. Zur Sprache kommt in solchen Äußerungen der heiße Kern der paulinischen Theologie, die Luther später auf die berühmte Formel brachte „simul justus et peccator" – wir sind zugleich Sünder und gerechtfertigt. Das Christentum bonifiziert systematisch das malum: es ist gut, dass da ein göttlicher Vater seinen Sohn opfert, dass Jesus Christus das Äußerste erleidet und in das Reich des Todes hinabfährt. Ohne dieses Böse gäbe es das ultimativ Gute, die Erlösung nicht – so wie es ohne Zulassung des Bösen in der ökonomischen Sphäre keine für alle produktiven Erlöse gäbe.

Ganz geheuer ist den meisten theologisch geschulten Köpfen die Wahlverwandtschaft von ökonomischer und christlicher Absolution des Bösen nicht. Gerade katholische Philosophen der Romantik wie Adam Müller oder Franz von Baader erhoben entschieden Einspruch gegen die frivole (Mandeville) bzw. durch und durch ernstgemeinte (Adam Smith) Lizensierung der privaten Laster und des Bösen[66]; dass Mandeville und Smith der häretischen, nämlich vom wahren katholischen Glauben abgefallenen Konfession angehörten, schien ihnen absolut plausibel. Andere, zumeist später sich artikulierende Köpfe machten aber umgekehrt darauf aufmerksam, dass die Gleichung Protestantismus = Affinität zur ökonomischen Moderne (Max Weber) vs.

Katholizismus = Verteidigung der Vormoderne auch im Ökonomischen allzu schematisch ist. So hat etwa Thomas E. Woods auf die lange vorprotestantische Geschichte der theologischen Apologie freier Märkte hingewiesen (ohne dabei auf den Markt für Sünden-Ablässe einzugehen).[67] Schon im dreizehnten Jahrhundert vertrat der Franziskaner Pierre de Jean Olivi (1248-1298) eine Wertlehre, die die alte Theorie des gerechten Preises ausdrücklich für falsch erklärte und Werte vielmehr auf den subjektiven Nutzen bezog; diese Überzeugung vertrat auch Bernhardin von Siena (1380-1444); Jean Buridan (1300-1358) entwickelte die These, dass freie Märkte und Geldverkehr eng aufeinander angewiesen sind; sein Schüler, der Bischof Nikolaus von Oresme (1325-1382), kritisierte deshalb sogar das staatliche Geldmonopol, das den freien Markt fessele; und Kardinal Thomas de Vio Cajetan (1468-1534) gilt als der Begründer der ökonomischen Erwartungstheorie – wer steigende Preise erwartet, wird auf dem Markt anders agieren als derjenige, der auf fallende Preise setzt, so wie derjenige, der das baldige Ende der Welt erwartet, anders handeln wird als derjenige, der glaubt, dass die Wiederkunft Christi kein Nahereignis ist.

Eine beeindruckende und dabei weit von Vollständigkeit entfernte Liste katholischer Ökonomie-Theoretiker, die geeignet ist, die allzu erfolgreiche These Max Webers von der engen Allianz zwischen Protestantismus und Kapitalismus zu relativieren. Dies- bzw. jenseits aller ökonomischen Erwartungs-Vernunft argumentiert ausgerechnet Luther, zu dessen meistzitierten Worten der Ausspruch gehört, er würde heute noch ein Apfelbäumchen pflanzen, wenn er wüsste, dass morgen die Welt untergehe. Der Kinofilm *Die Simpsons* hat die Paradoxien von Erwartungsmechanismen, wie sie früh von Kardinal Cajetan oder Luther thematisiert werden, eindringlich illustriert: als sich die apokalyptische Glocke über die Stadt Springfield senkt und eine himmlische Stimme verkündet, dass in einer Stunde die Welt untergehen werde und man sich gut überlegen solle, wie man diese knappe Frist gestaltet, rennen die Leute aus der Bar in die benachbarte Kirche – und die Gottesdienstbesucher in die Bar. Diesseits aller konfessionellen Sonderimpulse, -atmosphären und –psychologien unterhält die christliche Religion überhaupt ein zugleich eigentümlich angespanntes und bemerkenswert entspanntes Verhältnis zur irdischen Welt des Mangels und also der Ökonomie. Denn nur sie kennt die Figur eines dreieinigen Gottes, der sich (karfreitagstheologisch) in Gestalt seines Sohnes ganz auf diese böse, endliche, mangelhafte und also erlösungsbedürftige Welt einlässt, (ostersonntags- und auferstehungstheologisch) aber dennoch die Transzendenz-Immanenz-Polarität nicht preisgibt. Was zweitausend Jahre später systemtheoretisch entfaltet wird, ist im Christentum ab ovo angelegt: gebt dem Kaiser, was des Kaisers ist, und Gott, was Gottes ist, so lautet die homiletische Fassung des Theorems von der funktionalen Ausdifferenzierung. Gott und die Welt, Unendlichkeit und Endlichkeit, Allmacht und Ohnmacht, Fülle und Mangel, Gutes und Böses jeweils als die Einheit einer Differenz zu verstehen, ist christologisch geradezu zwingend. Ohne Dialektik, also ohne Zulassung von Paradoxien und Widersprüchen, ist christlicher Glaube nicht zu haben. Es ist diese Dialektik, die die kapitalistisch-marktökonomische Moderne an ein christliches Dispositiv bindet.

5 Rational choice oder unkritischer Irrationalismus – Die Vernunft Gottes und des Marktes, welche höher ist denn alle Vernunft

Menschen sind Wesen, die wissen, einsehen, verstehen und begreifen können, dass sie nicht alles wissen, einsehen, verstehen und begreifen können. Das sokratische ‚Scio nescio' (ich weiß, dass ich nichts weiß) gilt vom Tag seiner Prägung an als einer der weisesten je gesprochenen Sätze überhaupt. Inbegriff des Unbegreiflichen ist der unerforschliche Ratschluss der Götter bzw. des Gottes. Als „Gefühl schlechthinniger Abhängigkeit" hat Schleiermacher denn auch Religion verstanden[68] (vgl. die Überlegungen zum Kontingenz-Problem in Kap. 2). Wir wissen, dass wir nicht wissen können, was Gott weiß und umtreibt, wenn er tut, was er tut. Aber wir sind gut beraten, wenn wir Gott eine höhere Vernunft als die unterstellen, die den Menschen als zoon logon echon vom Tier unterscheidet. Deshalb dürfen wir Gott, der alles in seiner Hand hält, vertrauen. Zu den unvermeidbaren, aber nur selten bedachten Paradoxien dieser Konstellation gehört es, dass Theologie in dieser (und wohl nicht nur in dieser) Hinsicht ein frevelhaftes bis diabolisches Geschäft ist: beobachtet sie doch noch den Gott, der als Letztbeobachter allen Geschehens konzipiert ist, ergründet sie doch noch den unerforschlichen Ratschluss Gottes, macht sie sich doch einen vernünftigen Reim auf das, was höher ist denn alle Vernunft.

Die Analogie zum Wirtschaftsgeschehen und zu den Transaktionen auf den Finanzmärkten ist frappierend und sicher mehr als Analogiezauber, nämlich eine tiefe Strukturhomologie, die sich der Gleichursprünglichkeit von Geld- und Transzendenzglaube verdankt. Keiner kann alles über den gegenwärtigen und schon gar nicht über den zukünftigen Weltmarkt wissen, seine Komplexität sprengt alle Vernunftkapazitäten. Wirtschaften heißt, unter Bedingungen systematisch unvollständiger Information produzieren, konsumieren, tauschen, (ver)kaufen und arbeiten zu müssen. Wie sich die Preise für

Gebrauchtwagen entwickeln werden, wissen wir nicht, wenn wir einen (ver)kaufen; dass die Firma, bei der wir arbeiten, in den nächsten Jahren noch solvent ist, kann uns keiner garantieren; ob es exorbitante Ölpreise und Staatspleiten geben wird – wer weiß? Ein Gefühl schlechthinniger Abhängigkeit von Mächten, die wir nicht direkt beeinflussen können, ist kein Exklusivgefühl nur der religiösen Sphäre, sondern auch ein ökonomisches Dauerdatum. Dennoch glauben einige, die Wirtschaft so beobachten zu können wie Theologen Gott. Wirtschaftsweise und Masters of the Universe[69], die an den Finanzmärkten erhabene Summen handeln, glauben, die invisible hand des Marktes so zu verstehen wie Theologen den unerforschlichen Ratschluss Gottes.[70]

Der Markt weiß alles, wir nicht – aber genau das wissen Ökonomen; Gott weiß alles – wir nicht, aber genau das wissen Theologen. Soweit die plausible und sich erst einmal angenehm bescheiden ausnehmende Grundannahme. Sie schlägt um, wenn Ökonomen oder Theologen zu wissen glauben, was genau Gott und der Markt wollen – etwa die sündigen Menschen in Lissabon durch ein Erdbeben bestrafen oder den Wert einer Währung durch ein Beben auf den Finanzmärkten testen. Der Markt, das glauben viele Ökonomen zu wissen, will den Euro testen, will die Parität mit dem Dollar, wünscht niedrige Lohnabschlüsse, verlangt nach Bonizahlungen, drängt auf Steuersenkungen für Hoteliers, die einer liberalen Partei eine Spende haben zukommen lassen, gebietet eine Ab- oder Aufwertung dieser oder jener Währung. Und gegen den weisen Ratschluss des Marktes sollte man sowenig aufbegehren wie gegen den unerforschlichen Ratschluss Gottes. Zumal dann nicht, wenn der Markt will, was man selbst will, z.B. niedrige Steuersätze für Reiche, hohe Abfindungen für Manager von Pleitebanken oder Staatsgarantien für Banken, die systemrelevant und also too big to fail sind.

Die Formel vom unerforschlichen Ratschluss Gottes hat häufig Anlass zu frechem Spott gegeben. Auch in dieser Hinsicht bleibt die Entwicklung der ökonomischen Aufklärung weit hinter der religiöstheologischen zurück – es gibt seit langem deutlich mehr Agnostiker und Atheisten als Marktungläubige. So heißt es mit milder Ironie in Fontanes Roman *Quitt* von einem der Protagonisten: es war „ihm, nach Gottes unerforschlichem Ratschluß, vorherbestimmt, diese neue Liebestat mit seinem Leben zu bezahlen."[71] Im pazifistischen Drama *Wunder um Verdun* von Hans Chlumberg findet sich eine schon deutlich sarkastischere Szene: „DUPIN *salbungsvoll*. Meine teuren Söhne! Nach Gottes hohem, weisem und unerforschlichem Ratschluß wart ihr, meine Geliebten, für die höchste Gnade auserkoren, die dem Menschen auf Erden zuteil werden kann. Ihr wart auserwählt, Gott, dem Herrn, euer Leben am Altar des Vaterlandes darbringen zu dürfen, ihr wart berufen, Märtyrer eurer Heimat zu werden, den heiligen Opfertod fürs Vaterland erleiden zu dürfen. / ROUBEAU. Wer ist der? / WEBER. Purpurmantel, roter Seidenhut. Siehst denn nicht? Ein Kardinal. / ROUBEAU. Ein Kardinal –! / VERRON. Kardinal, du weißt, wie man betet. / HESSEL. Bist darin ein Fachmann. / MOREL. Aber was weißt du – von Gott?! / SONNEBORN. Ein toter Maulwurf weiß mehr vom Sterben als so ein General und mehr von Gott als so ein Kardinal."[72] Auch Kurt Tucholsky kann der Versuchung nicht widerstehen, die Formel von Gottes unerforschlichem Ratschluss aggressiv zu konterkarieren: „Wir stehen am Grabe des Kommunisten und Pazifisten Hans Paasche, der uns nach Gottes und der Reichswehr unerforschlichem Ratschluß vorgestern ziemlich sanft entrissen worden ist, Korn, halblinks oben. Lobsinget, lobsinget Gott! Lobsinget, lobsinget unserm Könige! (Psalm 47,7)."[73]

Unerforschlich wie der Ratschluss Gottes ist der Ratschluss des Marktes, mächtig wie die Hand Gottes führt uns die invisible hand des Marktes durch Turbulenzen, deren Sinn wir nicht verstehen können.[74] Unübersichtliche Verhältnisse, Verdunkelungen und Grenzen der Aufklärbarkeit sind, wie nicht nur Leser von Kriminalromanen wissen, vielen, aber eben nicht allen ein Graus. Gerade der Umstand, dass Gottes Ratschluss unerforschlich ist, ermöglicht entschiedenen Köpfen und Fürsten dieser Welt eine robuste Vertretung durchaus irdischer Interessen und Machtansprüche. Die invisible hand versteht sich glänzend mit dem homo oeconomicus- und „rational-choice"-Konzept, gerade weil beide nicht zusammenzupassen scheinen. Die unsichtbare Hand ist höher denn alle Vernunft; der homo oeconomicus vertraut der rationalen Wahl. Die invisible hand regiert diese Welt, ist aber nicht von dieser Welt, sondern ihr an Einsicht sphärenweit überlegen; der homo oeconomicus ist hingegen ganz und gar innerweltlich, er kalkuliert unablässig Vor- und Nachteile. Über die unsichtbare Hand Gottes bzw. des Marktes äußern sich die großen Erzählungen; der homo oeconomicus hingegen zieht das Zählen vor. Und so haben in der Wirtschaft wie in der Religion die Irrationalität und die Rationalität ihr anekdotenträchtiges Rendezvous. Wirtschaft ist spannend – gerade auch aus literarischer Perspektive![75] –, weil das Rendezvous von Erzählen und Zählen, von Irrationalität und Rationalität, von Preiszeichen und Sachwerten, von divergierenden Vorstellungen über Werte (den Wert der Arbeit, der Ware, der Währung, des Lebens, der Liebe, der Zeit, des Göttlichen, des Geldes etc.) systematisch risikolastig ist. „Der

Glückliche glaubt nicht, / Daß noch Wunder geschehen; denn nur im Elend erkennt man / Gottes Hand und Finger, der gute Menschen zum Guten / Leitet", heißt es in Goethes Versepos *Hermann und Dorothea*, in dem sich auch die prototypisch moderne Weisheit findet: „Mancherlei Dinge bedarf der Mensch, und alles wird täglich / Teurer."[76]

Auch für ambitionierte Laien ist unübersehbar, dass sich in der Ökonomie-Theorie z.Z. ein Paradigmen-Wechsel von höchsten Graden abzeichnet. „Rational choice" war über Jahrzehnte hinweg das Mantra, das alle ökonomischen (Mikro-) Entscheidungen plausibel machen sollte. „Rational choice" war die Antwort, die immer stimmte, wenn es darauf ankam, deutlich zu machen, warum der homo oeconomicus so handelt, wie er handelt, sich so entscheidet, wie er entscheidet. So wie der Satz „Gott hat es so gewollt" eine in sich völlig konsistente, aber eben nicht alle kritischen Köpfe befriedigende Antwort auf alle denkbaren Warum-Fragen bereithält, so bietet die Formel „rational choice" die irrationale, aber in sich völlig konsistente Antwort auf alle Fragen nach den Gründen ökonomischen Handelns einzelner Akteure. Der homo oeconomicus (eine Formel, die Vilfredo Pareto 1906 in seinem Buch *Manuale d'economia politica* prägte und die schnell in Umlauf kam) gilt bzw. galt den meisten Ökonomen als das Modell für den Akteur im Wirtschaftsgeschehen schlechthin. Zu seinen Eigenschaften zählt es, dass er egoistisch und also stets darauf bedacht ist, seinen Eigennutzen zu maximieren, dass er dabei auf Restriktionen reagieren muss (wie die, dass es Gesetze gibt oder dass auch andere Akteure ihre Interessen vertreten), dass er vergleichsweise konstante Präferenzen hat und dass er im Rahmen der ihm verfügbaren Informationen handeln muss. Die heiklen Implikationen dieses Modells liegen auf der Hand. Wer rettungslos verliebt ist und sich in Schulden stürzt, um seiner Angebeteten einen sündhaft teuren Schmuck um den schönen Hals legen zu können, passt erst einmal kaum zum rational-choice-Modell. Und wer sich nach einem Riesenverlust durch einen Börsen-Crash erschießt, auch nicht. Aber mit „Gott hat es so gewollt" bzw. „rational choice"-Formeln lässt sich noch solches Verhalten konsistent erklären: da hat eben einer eine masochistische Präferenz oder sauber kalkuliert, dass das Leben nicht mehr die Investitionen rechtfertigt, die erforderlich sind, um es zu erhalten, und also stürzt er sich in Verschwendung oder nimmt sich das Leben – rational choice.

Das Zauberwort für solche Interpretationskünste, die Geisteswissenschaftler vor Neid erblassen lassen, lautet „framing". Rationale Entscheidungen sind (durch kulturelle, psychologische, politische etc. Präferenzen und Vorgaben) eingerahmte Entscheidungen. Hauptsache, am Anfang und Ende der Entscheidungskette steht das Wort Nutzenmaximierung. Ein klassisches Beispiel für die Struktur wissenschaftlicher Revolutionen, wie Thomas Kuhn sie beschrieben hat.[77] Grundannahmen einer Theorie, an der die Zunft hängt, sind mit Datenbefunden nicht mehr in Übereinstimmung zu bringen. Und also werden Ausnahmen, Zusatzbedingungen, Rahmungen ge- und erfunden, die es ermöglichen, an den Glaubenssätzen einer Wissenschaft (der Kosmos wurde in sechs Tagen von Gott geschaffen, der Mensch stammt nicht vom Affen ab, AKWs sind sicher, Derivate stabilisieren den Finanzmarkt) festzuhalten. Framing ermöglicht falschen Theorien, die mit für sie inkompatiblen Daten konfrontiert werden, eine Verlängerung ihres Verfallsdatums. Das gilt auch im Hinblick auf die wirtschaftswissenschaftlichen Leitkonzepte homo oeconomicus und rational choice – sie werden so gedehnt und eingerahmt, bis der Rahmen bricht und ein neues Paradigma Zustimmung findet.

Die schlichte Grundfrage aller Wissenschaft, ob denn wirklich stimme, was die Leute incl. der traditionellen Wissenschaftler behaupten, ist im Hinblick auf das rational-choice-Konzept erst spät gestellt worden. In den letzten Jahren aber machen behavorial economics und neuroeconomics[78] von sich reden. Sie testen empirisch, ob sich das idealisierte Modell des rational entscheidenden homo oeconomicus verlässlich bewährt. Das Resultat ist von schöner oder schrecklicher Eindeutigkeit: nein. Berühmt wurde das Experiment, das da Ultimatumspiel heißt. Es lässt sich schnell referieren. Einem wirtschaftenden Akteur A1 werden einhundert Euro mit der Maßgabe zur Verfügung gestellt, dass er einen von ihm zu bestimmenden Teil dieser Summe einem ihm zuvor unbekannten Akteur A2 anbieten muss. Akzeptiert A2 das Teilungsangebot von A1, dürfen beide ihren Anteil an den einhundert Euro behalten, wenn nicht, gehen beide leer aus. Rational im Sinne des Modells vom homo oeconomicus, der seinen Nutzen maximieren will, ist es für A1, den Prozentsatz des weitergereichten Geldes so gering wie möglich zu halten, und für A2, mit jeder angebotenen Menge über einen Cent hinaus einverstanden zu sein, da er sonst ja ganz auf seinen eigenen Nutzen verzichten würde. Nur: Angebote unterhalb einer gewissen Grenze werden von fast allen Akteuren abgelehnt. Diese Grenze variiert selbstredend. Gerechtigkeitsfanatiker reagieren auf das Angebot anders als Leute, die hungern, ein buddhistischer Mönch anders als ein Broker an der Wall Street, ein VWL-Student anders als ein Psychologe. Umso erstaunlicher, dass fast alle Akteure vom Typ A2 mindestens auf einen Anteil von gut 20 Prozent bestehen und ansonsten lieber ganz auf ihre Nutzenmaximierung verzichten. Bemerkenswert ist aber auch, dass sich studierte Wirtschaftswissenschaftler signifikant häufiger als andere Probanden mit für sie ungünstigen Teilungsvorschlägen einverstanden erklären, gerade weil sie egoistischer sind (und häufiger schwarzfahren!) als von Ökonomietheorie unbelastete Kontrollgruppen. Sie verhalten sich so, wie sie gelernt haben, dass man sich verhält, verhalten darf, verhalten soll – eben wie ein homo oeconomicus.[79] Ein klassisches Beispiel für fließende Übergänge von De- zu Präskription. Nichts spricht dafür, dass astrophysikalische Analysen den Lauf der Gestirne beeindrucken. Alles spricht dafür, dass theologische und ökonomische Theorien (wie feministische, psychologische etc.) die Verhältnisse formieren, die sie sachlich zu analysieren glauben.

Mit dem rational-choice-Modell ist die experimentell und empirisch gesicherte Datenlage etwa zum unterschiedlichen Verhalten von ökonomischen Priestern und Laien auch bei großzügigem framing nicht in Übereinstimmung zu bringen. Felsenfeste Glaubensüberzeugungen aber sind durch Fakten kaum auszuhebeln. Der homo oeconomicus erweist sich besten- und allenfalls, so Fritz Machlup schon 1961, als homunculus oeconomicus, als eine „aus einer Gedankenretorte erzeugte abstrakte Marionette, mit bloß ein paar menschlichen Zügen ausgestattet, die für bestimmte Erklärungszwecke ausgewählt wurde"[80] – dennoch wird er von den meisten Wirtschaftswissenschaftlern weiter standfest beglaubigt. Dabei ist die Alternative naheliegend und erklärungsstark. Prototyp des ökonomisch Handelnden ist nicht der rational abwägende, auf Nutzen- und Gewinnmaximierung zielende und umsichtig agierende Marktteilnehmer; er erweist sich günstigstenfalls als „rational fool"[81]. Prototyp des ökonomisch Handelnden ist vielmehr der irrational Glaubensbereite, der sein Handeln wie seinen Glauben rational zu überhöhen versteht. Die Sphäre der geldgesteuerten Marktwirtschaft ist irrationalitätstolerant, ja irrationalitätsaffin wie die der Religion. In ihr tummeln sich Leute mit überstarken Affekten (ich muss den Konkurrenten schlucken), mit verrückten Ideen (ich bin auserwählt, ein neues Produkt durchzusetzen), mit riesigem Ego (ich verdiene das Tausendfache dessen, was meine Mitmenschen verdienen), voll Risiko- und Opferbereitschaft (für meine Geschäftsidee gehe ich ans limit, riskiere ich privates Glück), mit großer Sensibilität für die Kraft von Symbolen (meine Yacht muss drei Meter länger sein als die meines Geschäftspartners), mit einem entspannten Verhältnis zu einer sexistischen Ökonomie-Semantik (die Bilanz knickt ein, richtet sich aber wieder auf, wir brauchen eine Finanzspritze, das Unternehmen muss wieder potent werden), mit Kreativitätsphantasmen, geprägt vom Glauben an die erlösende Macht des Geldes und das gerechte Wirken einer unsichtbaren Hand.

All diese und viele andere Merkmale mehr gehören nicht zu dem, was wir normalerweise assoziieren, wenn wir Rationalität sagen. Attraktiv und unleugbar produktiv ist die kapitalistische Marktwirtschaft nicht, weil sie ein Musterbild vernünftigen Handelns abgibt, sondern weil sie Rationalität entschieden dereguliert und ein bemerkenswert entspanntes Verhältnis zur Irrationalität kultiviert. Wer Inkarnationen herausragender religiöser oder ökonomischer Aktivitäten vom alttestamentarischen Joseph über John Law und Bertelsmann bis hin zu Bernard Madoff und zum Porschemanager Wiedeking, der eine feindliche Übernahme von VW plante, eine Zeit lang mehr Gewinn als Umsatz hinzauberte, danach eine Milliardenpleite zu verantworten hatte und dafür eine Abfindung in Zigmillionenhöhe erhielt, wer also real existierende Dagobert Ducks und Gordon Geckos Revue passieren lässt, trifft auf eine Phalanx exzentrischer, obsessiver, paranoider, esoterikanfälliger, größenwahnsinniger und hochemotionaler Köpfe, die nach dem rational-choice- und homo-oeconomicus-Modell beschreiben zu wollen sich mindestens so schräg ausnimmt wie der Blick, der im abenteuerlustigen Herumtreiber Odysseus die Gründungsfigur bürgerlicher Selbstkontrolle erkennt.[82]

Eine an der Universität St. Gallen von dem Psychiater Thomas Noll und dem Wirtschaftswissenschaftler Pascal Scherrer durchgeführte vergleichende Studie zum Rationalitätsgrad im Verhalten von professionellen Börsen-Tradern, Psychopathen und „Normalen" hat bemerkenswerte Ergebnisse erzielt. Das setting des Experiments folgte dem klassischen Gefangendilemma-Spiel, in dem es bekanntlich um die Folgen von kooperativem, nicht-kooperativem und destruktivem Verhalten geht. Die Autoren fassen das ernüchternde Resultat ihres Experiments so zusammen: „In der Öffentlichkeit gelten sie (die professionellen Trader, J.H.) als egoistisch, gierig und wenig kooperativ. Das Ziel der vorliegenden Arbeit war es, die weitverbreiteten Stereotypen über Börsenhändler empirisch zu untersuchen, fundierte Antworten zu liefern, um die Diskussion gegebenenfalls zu versachlichen. Eine wissenschaftlich anerkannte Methode, Egoismus und Kooperationsbereitschaft zu messen, ist das Prisoner's Dilemma Game (PDG). Mithilfe eines computerisierten PDG sowie eines Intelligenz- und eines Psychopathietests untersuchten wir 28 professionelle Trader. (...) Unsere Hypothese ging dahin, dass sich Trader ähnlich rücksichtslos, egoistisch und unkooperativ verhalten, jedoch eine bessere Performance erzielen würden. Unsere Annahmen wurden in der vorliegenden Arbeit widerlegt. Die Trader erwiesen sich als noch egoistischer, rücksichtsloser und destruktiver als die Psychopathen, und bei der Performance schnitten sie schlechter ab.

Zwar maximierten sie ihren relativen Gewinn auf Kosten ihres Computer-Gegenspielers; dies jedoch, um bei der massgebenden Performance-Grösse des absoluten Gewinns ein schlechteres Resultat als die Psychopathen zu erzielen. Dieses Resultat überrascht, weil es aufzeigt, dass sich Trader im PDG nicht wie beruflich erwünscht verhalten. Statt sachlich-nüchtern auf die Maximierung ihres absoluten Gewinns abzuzielen, konzentrierten sie sich darauf, sich materiell möglichst stark vom Computer-Gegenspieler abzuheben. Oder anders formuliert: Auf der Suche nach der Steigerung ihres relativen Gewinnes – mittels nicht-kooperativen und destruktiven Verhaltens – torpedierten die Trader die Erlangung eines möglichst hohen absoluten Gewinnes."[83] Kein noch so geschicktes framing wird solche Resultate mit dem klassischen Bild des homo oeconomicus und dem rational-choice-Modell in Übereinstimmung bringen können. Masters of the universe haben intimen Umgang mit der invisible hand. Sie verhalten sich bestenfalls so rational wie Alchemisten, Astrologen und Pataphysiker, im Normalfall aber so ir/rational wie entschiedene Psychopathen. Was sie tun, mag „Normalen" als Wahnsinn gelten, es hat gleichwohl Methode.

Wer nun aber angesichts tiefer Zweifel an der Rationalität des Finanzkapitalismus mit staatssozialistisch gesteuerten Planwirtschaftsmodellen liebäugelt, geht ein hohes Risiko ein. Denn es wäre verwegen, gutgläubigen Linken, die weniger Glück im Umgang mit Geld haben als rücksichtslose Gordon Geckos, eine per se überlegene Vernunft und nüchterne Distanz gegenüber allem Pseudoreligiösen und Irrationalen zuzutrauen. Unfehlbarkeit zu behaupten, ist kein päpstliches Alleinstellungsmerkmal; der junge Josef Wissarionowitsch Dschugaschwil, der sich später Stalin nannte, wurde in einem georgischen Priesterseminar gestählt, das ihn mit den Techniken der Macht, der ständigen Kontrolle, der Bespitzelung und der Erniedrigung vertraut machte. „Die Partei, die Partei, die hat immer Recht", heißt es im 1950 entstandenen, von der DDR-Führung lancierten und bis heute in orthodox-linken Kreisen populären Lied von Louis Fürnberg, dessen religiöse Inbrunst so peinlich wie unüberhörbar ist:

> Sie hat uns alles gegeben.
> Sonne und Wind und sie geizte nie.
> Wo sie war, war das Leben.
> Was wir sind, sind wir durch sie.
> Sie hat uns niemals verlassen.
> Fror auch die Welt, uns war warm.
> Uns schützt die Mutter der Massen.
> Uns trägt ihr mächtiger Arm.

Die Partei, die Partei, die hat immer recht!
Und, Genossen, es bleibe dabei;
Denn wer kämpft für das Recht,
Der hat immer recht.
Gegen Lüge und Ausbeuterei.
Wer das Leben beleidigt,
Ist dumm oder schlecht.
Wer die Menschheit verteidigt,
Hat immer recht.
So, aus Leninschem Geist,
Wächst, von Stalin geschweißt,
Die Partei – die Partei – die Partei.

Auch hier gilt der Hamlet-Satz: Ist es auch Wahnsinn, so hat es doch Methode. Wer aufgrund der Einsicht in die kryptoreligiöse Irrationalität kapitalistischen Wirtschaftens sein Heil in einer vernünftigen Planwirtschaft sucht, wer nicht gottesfürchtig an die unsichtbare Hand des Marktes glauben und sich lieber von einer starken Staatshand führen lassen will, wer es für rationaler hält, auf staatliches Kommando statt für Geld zu arbeiten bzw. arbeiten zu lassen, wer trockenen Auges glaubt, man könne mehrere Milliarden Menschen nach vernünftigen Megaplänen anweisen, ihrerseits Vernünftiges zu bewerkstelligen, wird, wenn er denn nicht alle Handgreiflichkeiten und Evidenzen ausblenden kann, eine eigentümliche Erfahrung machen: der Versuch einer Überwindung marktwirtschaftlich-kapitalistischer Irrationalität durch rationale Planwirtschaft sorgt für eine gespenstische Wiederkehr des Verdrängten bzw. vermeintlich Überwundenen – so viel Vernunft ist noch unvernünftiger als kapitalistische Irrationalität. Selbst die staatssozialistischen Atomkraftwerke sind, obwohl nicht von privater Profitgier verseucht, nicht sicherer als die kapitalistischen.

Was nichts anderes heißt als dies: die Wirtschaftssphäre kann sich selbst (gerade im Zeitalter der funktionalen Ausdifferenzierung gesellschaftlicher Subsysteme!) kaum von ihren religiösen Implikationen emanzipieren – weder marktwirtschaftlich noch planwirtschaftlich. Gerade weil das so ist, spricht vieles dafür, dass die marktwirtschaftlich praktizierte, von der (neo)klassischen Theorie aber weginterpretierte Toleranz gegenüber kryptoreligiöser Irrationalität wirtschaftlich um Klassen produktiver und in diesem Sinne vernünftiger ist als die planwirtschaftliche Einhegung irrationaler Momente. Um zu pointieren: sehr viele neoklassische und neoliberale Wirtschaftstheoretiker orientieren sich philosophisch am Kritischen Rationalismus, wie ihn Karl Popper und seine Schüler ausgearbeitet haben.[84] Eigentümlich ist schon an der Selbstetikettierung dieser erzliberalen Denkrichtung, dass sie sich kaum negieren lässt und in diesem präzisen Sinne totalitär daher kommt – wer unter denen, die auch nur einigermaßen bei Sinnen sind, wird schon offensiv für die Negation eines kritischen Rationalismus, also für einen unkritischen Irrationalismus plädieren? Noch eigentümlicher ist es allerdings, dass genau die, die eine Charakterisierung ihres Denk-, Lebens- und Wirtschaftsstils als unkritisch-irrational empört zurückweisen würden, Kritikverzicht und Irrationalismus praktizieren, propagieren, ja geradezu kultisch verehren. Kapitalintensive Marktwirtschaft zu begrüßen, heißt auf Kritik all dessen zu verzichten, was in traditioneller westlicher wie östlicher moralphilosophischer Tradition hochgradig kritikbedürftig ist (vgl. Kap. 4): Egoismus, Nutzenmaximierung, ungleiche Reichtumsverteilung, billigende Inkaufnahme von Umweltschäden, permanenter Bruch mit vielen Herkömmlichkeiten, Innovationsoffenheit, weitgehende Indifferenz gegenüber Mitmenschen und gegenüber außerökonomischen Folgen wirtschaftlichen Handelns etc. Kapitalistische Marktwirtschaft zu begrüßen heißt darüber hinaus ein gelassenes Verhältnis zum Irrationalen kultivieren: Geld kann für uns arbeiten, Geldzeichen können sich systematisch in reale Werte wandeln, Zerstörung kann produktiv sein, Banken dürfen ihre Schulden, nämlich die Einlagen ihrer Kunden, mit Gewinn verkaufen, Finanzmanager sind Masters of the Universe etc. Kurzum: kapitalistische Marktwirtschaft ist alltagsreligiös praktizierter unkritischer Irrationalismus – und eben deshalb so produktiv.

6 Monetäre Trinität

Besonders intim ist die ökonomiereligiöse Verwandtschaft von kritischer, zählender, kalkulierender Rationalität einerseits und einer Irrationalität, die großen Erzählungen Glauben schenkt, andererseits, auf dem Finanzsektor. Dennoch gilt gerade im Hinblick auf den Finanzsektor das Bonmot von Karl Kraus, demzufolge das Wort ‚Familienbande' einen Beigeschmack von Wahrheit hat: die engen Familienbande zwischen Religion und Ökonomie sind auf dem Finanzmarkt einem Stresstest ausgesetzt. Mit einiger Regelmäßigkeit kommt es auch und gerade unter nahen Verwandten zu Bandenkriegen, die umso energischer ausgetragen werden, als sie von heiligen Überzeugungen gespeist werden. Das Medium Geld und sich vermehrendes, Zinsen einbringendes Geld zumal ist gerade vielen religiös musikalischen Menschen nicht geheuer. Die mächtige Tradition religiös-theologischer Vorbehalte gegen Geld, Zinsen und Wucher ist leicht zu verstehen. Denn religiöser Glaube entdeckt im Geldglauben einen – wenn auch missratenen – engen Verwandten. Die Vorbehalte, die jüdische, christliche und muslimische Theolog(i)en gegenüber dem Medium Geld artikuliert haben, kreisen mit verlässlicher Regelmäßigkeit um drei Komplexe und Syndrome[85]. Erstens: Kredit- und Zinsgeld bewirtschaftet Zeit. Zeit aber ist das genuine Eigentum Gottes. Und also handelt gottlos, wer mit göttlicher Zeit Handel treibt, wer gar Geld noch am Heiligen Sonntag, da die Arbeit ruht, für sich arbeiten lässt – wie auch sollte Zinswachstum an Sonntagen verboten werden? Zweitens: Hilfsbedürftige darf man nicht erpressen, man muss ihnen solidarisch beistehen. Mit dem Gebot der Nächstenliebe ist Kreditgewährung deshalb nicht in Einklang zu bringen. Zinszahlungen funktionieren ja nun einmal so, dass derjenige, der, aus welchem Grund auch immer (und sei es selbstverschuldet), zu wenig Geld hat und sich deshalb von jemandem, der mehr Ressourcen hat, als er (ver)braucht, Geld leiht, diesem mehr Geld zurückzahlen muss, als er sich geliehen hat. Was nichts anderes heißt als dies: Zinsen sorgen für eine systematische Umverteilung von unten nach oben; wer wenig Geld hat, gibt, wenn er geliehenes Geld mit Zins und Zinseszins zurückzahlt, dem, der mehr Geld hat, noch mehr Geld. Freunde, Verwandte, Nächste würden dergleichen niemals einander zumuten. Zins zu nehmen ist aber auch aus einer weiteren Perspektive hochgradig heikel, die religiöse, naturrechtliche und fundamentalpsychologische Sphären streift. Denn es gilt drittens der Satz: nummus nummum non gerit (Geld kann allein aus sich heraus nicht Geld hervorbringen). Es geht nicht mit rechten Dingen zu, es widerspricht vielmehr der gottgewollten Naturordnung, wenn Geld sich vermehrt. In den klassischen Worten, die in Shakespeares Drama *The Merchant of Venice* Antonio zu Shylock spricht:

> If thou wilt lend this money, lend it not
> As to thy friends, for when did friendship take
> A breed for barren metal of his friend?
> But lend it rather to thine enemy,
> Who if he break, thou mayst with better face
> Exact the penalty. (I/3)

Metallgeld (barren metal) und Papiergeld kann nicht brüten (breed), kann nicht fruchtbar sein, kann sich nicht vermehren. Es ist, so heißt es explizit bei Thomas von Aquin und anderen einflussreichen Theologen, die damit ein Argument bzw. eine Suggestion des Aristoteles aufgreifen, es ist „contra naturam", widernatürlich, wenn Geld sich aus sich selbst heraus vermehrt. Die Existenz von Kindern und Kindeskindern ist natürlich und (pro-)kreatürlich zu erklären, die von Zinsen und Zinseszinsen nicht. „Contra naturam" zu sein ist nun die Formel, die das alte Verdikt gegen Homosexualität begründen soll. Sich über Zinsen selbst vermehrendes Geld ist widernatürlich wie Homosexualität. Männer können mit Männern keine Kinder machen, Geld hingegen, so glauben die Männer der auffallend frauenfreien Banken- und Finanzsphäre und so machen sie glauben, könne mit Geld mehr Geld machen.

Schmutzige, perverse, anale, homosexuelle Assoziationen sind seit jeher eine Mitgift des Mediums Geld. Pecunia olet: es ist verdächtig, wenn man stinkreich ist und sein Geschäft so erledigt, als ob man über einen Dukatenesel verfügt, der einem einen Haufen Geld beschert. Um so wichtiger ist es, die Reinheit des Geldes herauszustellen und zu sichern. Dies- und jenseits aller psychoanalytisch inspirierten Hinweise auf perverse Aspekte des Geldes[86] und aller Aufmerksamkeit für die phallokratischen Wendungen der Finanzsphäre (praller Beutel, Stange Geld, Finanzspritze, potenter Zahler) lohnt es sich, die rein-funktionale, rein-systematische Unreinheit des Geldes zu bedenken. Vereinigt es doch in sich nach übereinstimmender Charakterisierung fast aller

Geldtheoretiker (mindestens) drei sehr divergierende Funktionen. Geld ist erstens ein Tauschmittel, das Transaktionen enorm erleichtert, zweitens eine Recheneinheit, die Kalkulationen, Preisvergleiche, Bilanzierungen, kurzum: mathematische Präzision im Disponieren und Wirtschaften überhaupt ermöglicht, und drittens ein Wertaufbewahrungsmedium – man kann es auch dadurch gebrauchen, dass man es aktuell nicht gebraucht, sondern (möglichst zinsbringend) zurücklegt, um zukünftig auf es zugreifen zu können.

Das sind nun drei sehr unterschiedliche Funktionen, die dennoch unteilbar ein und demselben Medium zugehören und zugeschrieben werden. Ginge es im Wirtschaftsprozess tatsächlich kritisch-rational zu, so müsste Geld als das Steuermedium komplexer Volkswirtschaften funktional und auch phänomenal ausdifferenziert sein. Es müsste gewissermaßen drei deutlich unterschiedliche, etwa durch Farb-, Form- oder Substanzkontraste markierte Geldformen, eben (gelbes) Tausch-, (blaues) Rechen- und (rotes) Wertaufbewahrungsgeld geben. Ausgerechnet die Realisierung dieser analytischen Reinheitsforderung aber wäre offenbar absurd. Geld ist ein faszinierendes und funktionierendes Medium gerade deshalb, weil es zugleich eins und dreifaltig, also dreieinig ist. Die christliche Trinitätstheologie findet in der Trinität der Geldfunktionen eine Entsprechung; beide sind, theologisch gesprochen, wesensverwandt, homolog. Keinem anderen als Marx, der wie später Max Weber oder Walter Benjamin ein bemerkenswertes Sensorium für die religiösen Dimensionen und Implikationen gerade des kapitalistischen Wirtschaftens entwickelte und der gleich zu Beginn seines Hauptwerkes den „metaphysischen Spitzfindigkeiten und theologischen Mucken"[87] der Warenform nachdachte, ist die Wesensverwandtschaft von monetärer und christlicher Trinität aufgefallen. „Der Kapitalist", so formuliert er im vierten Kapitel des ersten *Kapital*-Bandes über die *Verwandlung von Geld in Kapital*, „der Kapitalist weiß, daß alle Waren, wie lumpig sie immer aussehen oder wie schlecht sie immer riechen, im Glauben und in der Wahrheit Geld, innerlich beschnittne Juden sind und zudem wundertätige Mittel, um aus Geld mehr Geld zu machen. / Wenn in der einfachen Zirkulation der Wert der Waren ihrem Gebrauchswert gegenüber höchstens die selbständige Form des Geldes erhält, so stellt er sich hier (bei der Verwandlung von Geld in Kapital, J.H.) plötzlich dar als eine prozessierende, sich selbst bewegende Substanz, für welche Ware und Geld beide bloße Formen. Aber noch mehr. Statt Warenverhältnisse darzustellen, tritt er jetzt sozusagen in ein Privatverhältnis zu sich selbst. Er unterscheidet sich als ursprünglicher Wert von sich selbst als Mehrwert, als Gott Vater von sich selbst als Gott Sohn, und beide sind vom selben Alter und bilden in der Tat nur eine Person, denn nur durch den Mehrwert von 10 Pfd. St. werden die vorgeschossenen 100 Pfd. St. Kapital, und sobald sie dies geworden, sobald der Sohn und durch den Sohn der Vater erzeugt, verschwindet ihr Unterschied wieder und sind beide Eins, 110 Pfd. St."[88]

Finanzmärkte sind reiner als Warenmärkte. Waren können verunreinigen, verderben, lumpig aussehen und schlecht riechen, Geld hingegen stinkt nicht. Aber es ist bei aller Reinheit und Einheit doch nicht so rein und eins, dass es ganz ohne innere Differenzen auskäme. Insofern ist es der christlichen Trinität eng verwandt. Der ewige und reine Gott schickt seinen eingeborenen und von der Jungfrau Maria unbefleckt empfangenen Sohn in die durch und durch unreine und endliche Welt der Menschen, um sie von eben dieser Unreinheit und Endlichkeit zu erlösen. Die paradoxe Einheit von Vater und Sohn, die gleichermaßen von Ewigkeit zu Ewigkeit sind und die demnach gleichalt, weil alterslos sind, wird durch den Heiligen Geist garantiert und begleitet. Die christliche Trinitätslehre steckt voll billigend in Kauf genommener Paradoxien; aus der dezidiert monotheistisch-jüdischen und islamischen Sicht nimmt sie sich wie ein allenfalls rhetorisch abgefederter Polytheismus aus. Ohne forsche Interpretationen biblischer Quellentexte ist die Trinitätslehre denn auch nicht zu haben; eine ausgebildete, entfaltete Theologie der Dreifaltigkeit wird man in der Bibel nicht finden. Der Gottessohn kommt im Alten Testament nicht vor; es bedarf typologischer Interpretationen von (rhetorischen) Figuren wie alter Adam / neuer Adam, Abraham / Isaac oder prophetischer, an David geknüpfter Verkündigungen, um ihn im Modus des Vorverweises schon im Alten Testament zu gewahren. Den Heiligen Geist hingegen können begabte Interpreten schon am Anfang der Genesis als den sprichwörtlichen Geist Gottes, der über dem Wasser schwebt (Gen. 1,2) gewahren. Auch die Pluralformulierung „Lasst uns Menschen machen" (Genesis 1,26) kann, interpretatorisches Geschick vorausgesetzt, nicht nur als pluralis majestatis, sondern wie die drei Gottesboten, die Abraham besuchen (Gen 18) oder wie die Taufformel im Neuen Testament (Mt 28,19), als Verweis auf den dreieinigen Gott verstanden werden. Die paulinische Formel (2. Kor. 13,13) von der Gnade Jesu Christi, der Liebe Gottes und der Gemeinschaft des Heiligen Geistes, die mit der Gemeinde sein mögen, ist nun eben paulinisch und nicht genuin jesuanisch.

Wie theologisch subtil auch immer die Trinitätslehre begründet wird[89] – sie ermöglicht es, schwer zu vermeidende interne Widersprüchlichkeiten im Bild des allmächtig-gütigen Gottes kognitiv zu verarbeiten. Widersprüche wie die um die Theodizeefrage (wie ist die evidente Existenz des Bösen mit der Idee eines allmächtigen und gütigen Gottes vereinbar?), um die Konzeption von Allmacht (kann ein Allmächtiger auch sterben? Wenn nicht, ist er nicht allmächtig, wenn er jedoch sterben könnte, dann wäre er nicht einmal mehr), um die Frage der Vereinbarkeit von Güte und Grausamkeit (der Sohn Gottes stirbt ja, da der Wille seines Vaters geschehen soll, einen bemerkenswert grausamen Tod) oder um die von Zeit und Ewigkeit (wie kann es sein, dass Vater und Sohn gleich alt, gleichursprünglich, gleich ewig sind?) – knirschende Widersprüche wie diese lassen sich trinitätstheologisch immerhin thematisieren. Nicht umsonst ist Hegels dialektisches Denken aus dem offensiv paradoxalen Geist der Christologie entsprungen. Auch die Grundfigur aller Paradoxien, nämlich die Menge aller Menge, die sich selbst als Element enthält, ist trinitätstheologisch präfiguriert. Vater, Sohn und Heiliger Geist sind je das bzw. der Andere ihrer selbst, sie sind drei und doch eins. Der dreifaltige Gott ist die Identität von Identität und Differenz – so wie Geld, das drei unterschiedliche Funktionen erfüllt und doch ein und dasselbe Geld ist. Als Recheneinheit, das über alle Sprach- und Kulturbarrieren hinweg Menschen miteinander in Beziehung setzt, übernimmt Geld die Funktion des Heiligen Geistes; als Wertaufbewahrungsmittel übernimmt Geld die Funktion des Gottessohnes, an dessen Erdenwandel sich Menschen in der Hoffnung auf zukünftige Erlösung / Erlöse erinnern; und als Tauschmedium entfaltet Geld stets erneut, einer creatio-continua-Theologie entsprechend, seine vatergöttliche Konversionskraft. Kein Wunder, dass eine entschieden monotheistische Religion wie die islamische auch die ausgeprägte Tendenz entwickelt, Geld monofunktional als Tauschmedium zu behandeln und die anderen Geldfunktionen, die zinslastige Wertaufbewahrungsfunktion zumal, auszublenden. Gott und Geld bewähren ihre Kraft nicht zuletzt daran, dass sie ein souveränes Verhältnis zur bedrohlichen Macht der Zeit entwickeln, nämlich Zeit (ver)handelbar machen, Vergangenes präsent halten, unendliche Zukunft versprechen und Fristen entfristen. Dreifaltig wie der eine christliche Gott und das eine Geld aber ist auch die Zeit.

7 Die Zeitlichkeit und Ewigkeit des Geldes

Vergangenheit, Gegenwart, Zukunft – ohne diese elementare Unterscheidung kommt keine wie auch immer geprägte Reflexion über Zeit und Zeitlichkeit aus. Selbst Zeittheorien, die mit der binären Unterscheidung vorher/nachher bzw. früher/später arbeiten, wohnt eine trinäre Ordnung inne, denn nur von einem früher, jetzt oder später anzusetzenden Gegenwartspunkt her lässt sich ja unterscheiden, was vorher und nachher heißen soll. Vor Christi Geburt / nach Christi Geburt: gerade die christliche Religion hat Präsenz in jedem Wortsinne privilegiert, um von der Gegenwart des Gottessohnes auf Erden her zu bestimmen, was Vergangenheit und Zukunft heißen soll. Hier und jetzt, unter dieser einmaligen stellaren Konstellation wurde Gottes Sohn im Stall zu Bethlehem geboren, zu dieser Stunde wurde er in Golgatha gekreuzigt und verstarb, in diesem Augenblick nach der Wandlung ist Jesus Christus in Brot und Wein den Gläubigen gegenwärtig. Christen verzehren den Leib des Herrn zu seinem Gedächtnis und in der Zuversicht auf das Eschaton, die Auferstehung und das zukünftige ewige Leben.[90] Die Religion, die den gestorbenen und von den Toten wiederauferstandenen Gottessohn als Weg, Wahrheit und Leben versteht, ist Temporaltheologie durch und durch. Sie ermöglicht es, von der eucharistischen Gegenwart Gottes her die abgründigen Dimensionen vergehender Zeit zu begreifen. In kultischer Erinnerung an ein Versprechen aus dem Mund des Gottessohnes wird hier und jetzt die Zuversicht gestiftet, die Zukunft werde eine von allen Lasten der „reißenden" (Hölderlin) Zeitlichkeit erlöste Ewigkeit sein.

Aber nicht nur in theologischer, auch in pragmatisch-kalkulatorischer Hinsicht gilt, dass sich durch das Christentum eine gegenwartsfokussierte Form des Umgangs mit Vergangenheit und Zukunft etablieren konnte. Immer wieder wird, gerade von tiefsinnigen und religiös musikalischen Köpfen betont, dass die messbare Kalender- und Uhrzeit nicht die „eigentliche" Zeit sei, dass es vielmehr unterschiedlich gestimmte Zeiten gebe. Beliebt ist dabei der Hinweis auf den Vers Prediger 3,1, demzufolge alles (vom Geborenwerden und Sterben über das Lachen, Klagen und Steinesammeln bis zum Streit und zum Frieden) seine spezifische Eigenzeit hat. Der fromme Hinweis auf die von physikalistisch missverstandener Zeit sich absetzende sinnhaft erfahrene, salomonisch weise Eigenzeit blendet beflissen aus, wie sehr gerade biblische Berichte auf präzise Zeitmessung und Zeitangaben achten. Fixierung auf messbare Zeit ist gerade nicht das Andere des christlich-religiösen Zeitverständnisses; jüdisch-christliche Zeit ist vielmehr Präzisionszeit. Von der akribischen Auflistung der Genesistage über die des Lebensalters der Patriarchen, die Chronologie der Könige, die Reflexionen über die Bewirtschaftung von sieben guten und sieben schlechten Jahren bis hin zu den genauen Zeitangaben zu Christi Geburt („Es begab sich aber zu der Zeit, da..."), zu Christi Sterben und zum Auferstehungsgeschehen („am dritten Tage auferstanden von den Toten") besticht die Bibel alt- wie neutestamentarisch durch zeitmessende Datierungen auf der Höhe der jeweiligen Möglichkeiten. Ein eindringliches Beispiel für die spezifisch christliche Kreuzung von präziser und göttlicher Zeit findet sich im Kreuzigungsgeschehen. Der fromme unter den beiden Sündern, die gemeinsam mit dem Gottessohn gekreuzigt werden, „sprach zu Jesu: HERR, gedenke an mich, wenn du in dein Reich kommst! / Und Jesus sprach zu ihm: Wahrlich ich sage dir: Heute wirst du mit mir im Paradiese sein. / Und es war um die sechste Stunde, und es ward eine Finsternis über das ganze Land bis an die neunte Stunde, / und die Sonne verlor ihren Schein, und der Vorhang des Tempels zerriß mitten entzwei." (Luk. 23,42-45)

Präzise Kalender sind ja nicht gegen die Kirche, sondern von der Kirche entwickelt worden; präzise Uhren finden sich zu allererst an Kirchtürmen. Die Erfolgsgeschichte des christlichen Kalenders mit seiner vor/nach Christi-Geburt-Unterscheidung bietet gegenüber allen Kalenderlogiken, die mit einem klar datierten Ursprungsdatum starten und von ihm aus zählen (etwa der Weltschöpfung im jüdischen Kalender vor 5771 Jahren/bezogen auf das Jahr 2011 n.Chr.), große innerweltliche Vorzüge.[91] Er eröffnet nämlich die ebenso paradoxe wie produktive Möglichkeit, zwei Unendlichkeiten anzusetzen, eine vor und eine nach Christi Geburt. Die Vorteile einer solchen ante/post-Rechnung liegen auf der Hand. Kein archäologischer Knochenfund und keine astrophysikalische Neudatierung des Big Bang kann diesen Kalender irritieren und aus seiner Fassung bringen. Für einen elastischen und belastbaren, also kreditfähigen Umgang mit Zeit sorgt die christliche Religion auch dadurch, dass sie anders als etwa Nirwana-Religionen, aber eben auch anders als auf fixe Zeitpunkte fokussierte Sekten wie paradigmatisch die Zeugen Jehovas zwar nichts Geringeres als ewiges Leben verspricht, sich aber im Hinblick auf den präzisen

Zeitpunkt des Eintritts bzw. Übergangs ins ewige Leben nicht festlegen mag. Der Messias wird wiederkommen, diese Welt wird überwunden werden, die unter Gottes Gnade Stehenden werden erlöst sein – wann genau, steht dahin. Eine solche Religion kennt weite, ja unendliche Zeithorizonte; sie nimmt die doppelte bis dreifache Unendlichkeit (vor und nach Christi Geburt plus ewiges Leben) billigend in Kauf; sie kann von Ewigkeit zu Ewigkeit disponieren und doch, als Inkarnationsreligion, ein hochaufmerksames Verhältnis zur Gegenwart und zur messbaren Kalender- und Uhrzeit kultivieren. Wenn sie rheinisch-entspannt daher kommt, kann sie, die souverän Unendlichkeit und Endlichkeit über Kreuz schaltet, sogar erhabenen Esprit entfalten und sich Trostsätze wie diesen erlauben: wer früher stirbt, lebt länger ewig.

Unendlichkeit und Überabzählbarkeit verweisen auf ein logisch vermintes, aber theologisch reizvolles Gelände. Das muss in Ludwig Tiecks wunderbarem Drama *Der gestiefelte Kater* (1797) auch der intellektuellen Sphären durchaus zugeneigte König erfahren. Er will sich beim Abendmahl geistreich mit seinem Narren und dem Hofgelehrten Leander unterhalten und wagt sich dabei in die Bezirke erhabener letzter Fragen vor. „König. Aber was ist denn das heute? Warum wird denn kein vernünftiges Tischgespräch geführt? Mir schmeckt kein Bissen, wenn nicht auch der Geist einige Nahrung hat. – Hofgelehrter, seid Ihr denn heut auf den Kopf gefallen? / Leander *essend*. Ihro Majestät geruhn – / König. Wie weit ist die Sonne von der Erde? / Leander. Zweimal hundert tausend, fünf und siebenzig und eine Viertel Meile, funfzehn auf einen Grad gerechnet. / König. Und der Umkreis, den die Planeten so insgesamt durchlaufen? / Leander. Wenn man rechnet, was jeder einzelne laufen muß, so kommen in der Total-Summa etwas mehr als tausend Millionen Meilen heraus. / König. Tausend Millionen! – Man sagt schon, um sich zu verwundern: ei der Tausend! und nun gar tausend Millionen! Ich mag auf der Welt nichts lieber hören, als so große Nummern – Millionen, Trillionen, – da hat man doch dran zu denken. – Es ist doch meiner Seel ein Bißchen viel, so tausend Millionen. / Leander. Der menschliche Geist wächst mit den Zahlen."[92]

Mit Zahlen kann man zählen; von ihnen zu erzählen, sie in große und erhabene Erzählungen integrieren zu wollen, heißt, die Grenzen der Darstellbarkeit zu strapazieren. Der Hofgelehrte steht gegenüber dem wissbegierigen König vor einer kaum lösbaren Aufgabe. Er kann sich nur auf den alten Satz berufen, danach wir wissen, dass wir wenn nicht nichts, so doch allzu wenig wissen können. Doch diese Antwort befriedigt den König nicht. „König. Sagt mal, wie groß ist wohl so die ganze Welt im Umfange, Fixsterne, Milchstraßen, Nebelkappen und allen Plunder mitgerechnet. / Leander. Das läßt sich gar nicht aussprechen. / König. Du sollst es aber aussprechen, oder – *Mit dem Zepter drohend*. / Leander. Wenn wir eine Million wieder als Eins ansehn, dann ohngefähr zehn mal hunderttausend Trillionen solcher Einheiten, die jede an sich schon eine Million Meilen ausmachen. / König. Denkt nur, Kinder denkt! – Sollte man meinen, daß das Ding von Welt so groß sein könnte? Aber wie das den Geist beschäftigt! / Hanswurst. Ihro Majestät, das ist eine kuriose Erhabenheit, davon krieg ich noch weniger in den Kopf als in den Magen; mir kommt die Schüssel mit Reis hier viel erhabener vor. / König. Wieso, Narr? / Hanswurst. Bei solchen ungeheuren Zahlen kann man gar nichts denken, denn die höchste Zahl wird ja am Ende wieder die kleinste. Man darf sich ja nur alle Zahlen denken, die es geben kann. Wir können nicht leicht, ohne uns zu verirren bis fünfe zählen. / König. Aber da ist was Wahres drin. Der Narr hat seine Einfälle. – Gelehrter, wieviel Zahlen gibt es denn? / Leander. Unendlich viel. / König. Sagt mal geschwind die höchste Zahl. / Leander. Es gibt gar keine höchste, weil man zur höchsten noch immer wieder eine neue hinzufügen kann; der menschliche Geist kennt hier gar keine Einschränkung. / König. Es ist doch aber wahrhaftig ein wunderliches Ding um diesen menschlichen Geist. / Hinze. Es muß dir hier sauer werden, ein Narr zu sein. / Hanswurst. Man kann gar nichts Neues aufbringen, es arbeiten zu viele in dem Fache."[83]

Die Unendlichkeit von Raum und Zeit ist seit jeher Inbegriff des Erhabenen, des Nicht-Repräsentierbaren.[94] Zu einem der essentiellen Spezifica christlicher Inkarnationstheologie gehört es, dass in Jesus Christus das nicht-repräsentierbare Göttliche nicht nur darstellbar, sondern innerweltlich gegenwärtig geworden ist. Göttliche Gegenwart, die Anwesenheit des Gottessohnes mitten unter den sterblichen Menschen, Präsenz überhaupt ist ans Präsens gebunden. Das sich daraus erschließende Theorem der Suprematie von Gegenwart über Vergangenheit und Zukunft ist seit den großartigen Zeitreflexionen Augustins im elften Buch seiner *Confessiones* geläufig und kaum zu widerlegen: Vergangenheit wie Zukunft gibt es nur in der Weise der Gegenwart von Vergangenheit und Zukunft. Vergangene Ereignisse sind nun eben vergangene Ereignisse, an die man sich erinnern kann – gegenwärtig, wann sonst. Und zukünftiges Geschehen ist nun eben zukünftiges Geschehen, das man sich vorstellen kann – gegenwärtig, wann sonst. Wenn das erwartete Ereignis eingetreten sein wird, wird es kein zukünftiges, sondern gegenwärtiges Ereignis sein bzw. gewesen sein. Denn der Jetztpunkt zerfällt unausgesetzt,[95] täte er das nicht, so wäre Gegenwart

Ewigkeit. Aber das ist Gegenwart offensichtlich nicht, denn sonst würde sich nicht unablässig fast alles ändern (im in der Regel günstigsten Fall: unmerklich). Als Autor des Buches *De Trinitate* versteht sich auch der Zeitphilosoph Augustinus auf die heiklen Momente jeder Dreierkonstellation, die die Identität und Differenz aller drei Terme betonen muss. Die Einheit der Zeit besteht in der Gegenwart der Vergangenheit, der Gegenwart der Zukunft und der Gegenwart der immer schon zerfallen(d)en Gegenwart.

Es gibt keine andere Zeit als die Gegenwart. Umso rätselhafter ist es, dass diese Gegenwart sich unablässig entzieht.[96] Gegenwart ist einzig und allein in der Weise des zerfallenden, ja immer schon zerfallenen Jetztpunktes. Auch dieser Gedanke ist christologisch durch und durch. Irdisch anwesend ist Jesus Christus nach seinem Tod am Kreuz und seiner zeitlich befristeten Wiederbegegnung mit zweien seiner Jünger in Emmaus nurmehr als abwesender. Die eucharistischen Elemente Brot und Wein sind zwar mehr als andere Zeichen, die eben bloße Zeichen sind. Sind sie doch (für alle auf Realpräsenz setzende christliche Glaubenslehren), was sie bedeuten: der in der Gemeinde anwesende Gottessohn. Gleichwohl aber bewahren sie die Differenz von Sein und Sinn wie auch die von Vergangenheit und Zukunft in sich auf. Christen sind beim Abendmahl dem himmlischen Gottessohn ganz nahe, aber eben (noch) nicht gänzlich in seiner himmlischen Herrlichkeit. Das Abendmahl ist ein, wenn auch starkes, Medium; es vermittelt zwischen Ewigkeit und Gegenwart, Himmel und Erde, Vergangenheit („dies tut zu meinem Gedächtnis") und eschatologischer Zukunft. Es ist mehr als ein arbiträres Zeichen unter anderen Zeichen und Symbolen – aber weniger als das, worauf es verweist.

Genau diese Bestimmungen teilt das Abendmahl in frappanter Weise mit dem Medium Geld. Auch an ihm ist mehr dran als an anderen Zeichen; es inkarniert (wenn alle dran glauben/müssen) einen Wert; und doch bewährt es diesen seinen Wert erst, wenn und sofern es sich in reale Güter und Dienstleistungen transsubstantiieren bzw. wandeln lässt. Geld ist wie Zeit und Gott unendlich. Wer die Menge allen Geldes, die höchste mögliche Geldmenge überhaupt benennen wollte, würde sich blamieren wie Tiecks König, der nach der höchsten Zahl überhaupt fragt. So wie Zeit überhaupt (anders als die beschränkte Zeit z.B. eines Tages) nicht weniger wird, wenn sie vergeht, wird Geld überhaupt (anders als das Geld in meinem Portemonnaie) nicht weniger, wenn es verausgabt wird. Auch Geld hat wie das Abendmahl ein intimes Verhältnis zu allen drei Ekstasen der Zeitlichkeit. Es kann Vergangenheit speichern, da man gespartes Geld horten kann, um es jetzt auszugeben; man kann aber ebenso monetärtemporal beweglich sein, einen Kredit auf die Zukunft aufnehmen und sich Geld leihen, das man futurisch zurückgezahlt haben wird.[97] Ob am Geld tatsächlich etwas dran ist, ob es seine Versprechungen einlösen kann, ob man Geld in etwas anderes als Geld wandeln kann, kann sich allerdings nur gegenwärtig erweisen. Man muss, solange man Geld spart oder solange man Geld verleiht, dran glauben, dass sich das angesparte oder verliehene Geldsymbol jetzt, da ich es (zurück) brauche, bewährt, akzeptiert, beglaubigt wird. Und der Test auf die Glaubwürdigkeit des Geldes könnte einfacher nicht ausfallen: es muss sich in anderes als Geld wandeln, konvertieren, transsubstantiieren lassen. Ein junger Mensch muss heute, um das handfest zu illustrieren, schon sehr glaubensstark sein, also viel Gott- und Geldvertrauen aufbringen, wenn er darauf vertraut, seine kapitalgedeckte Altersversorgung werde in vierzig Jahren mehr als ein Stück Papier wert sein, es werde die Währung, die Versicherungsgesellschaft, das Rechtssystem und den Geldwert noch so geben, dass man aufgrund eines Kontoauszugs wohnen, essen und sich kleiden könne.

Die Idee des Geldes hat (anders als Währungen, Konfessionen, Firmen, Versicherungen, Rechtssysteme etc., die entstehen und vergehen) mit dem unsterblichen Gott die starke Gemeinsamkeit, quantitativ wie zeitlich unendlich zu sein. An seine sterblichen Besitzer ist die Idee des Geldes so wenig gebunden, wie die Idee Gottes an den Sterblichen, der ihn, den ewigen Gott, beglaubigt; nicht umsonst kann Geld testamentarisch vermacht werden, es überlebt die, die es haben/hatten. Umso faszinierender ist es, dass ewiges Geld wie der ewige christliche Gott hier und jetzt innerweltlich gegenwärtig sein kann. Die christliche Religion wie der Geldverkehr schalten Ewigkeit und Zeitlichkeit über Kreuz. Auch mathematische Laien wissen, dass sich „unendlich" nicht teilen lässt. Unendlich geteilt durch drei oder durch 49 – das ist und bleibt eine unmögliche Rechenoperation, praktiziert man sie doch, so wäre ihr Resultat unendlich. Geldbesitz ist denn auch in einem handfesteren Sinne unbegrenzt. Vorschläge, Vermögen, Boni oder Einkünfte zu deckeln, sorgen regelmäßig für lebhafte Einsprüche. Man kann auf einer nach oben offenen Skala immer noch mehr Geld haben (wollen), als man derzeit hat. Natürliches Wachstum (ob das räumliche von Bäumen und Menschen oder das zeitliche von Lebenserwartungen) hat seine Grenzen, ökonomisch-finanzielles Wachstum nicht. Es gehört zu den je nach Bewertungsperspektive unkritisch-irrationalen, faszinierenden oder unheimlichen Momenten geldgesteuerten Wirtschaftens, dass das dreieinige (Tauschmittel-, Recheneinheits- und Wertaufbewahrungs-) Geld alle drei Zeitdimensionen bewirtschaftet und somit wie der christliche Gott das Kunststück fertig bringt, ewig und zeitlich zugleich zu sein. Zahlungen, auch solche aus Spargeldern und solche für Kredite, sind zu einem bestimmten Zeitpunkt fällig; der eine ist das Geld los, das von diesem Augenblick an der andere hat; das Geld selbst hat über diesen Zeitpunkt hinaus andauernde Geltung – so wie Gott sich in Gestalt seines Sohnes in die irdische Zeitlichkeit entlässt, aber zugleich der eine Gott bleibt, der von Ewigkeit zu Ewigkeit ist.[98]

8 Schuld und Schulden – Deckungsprobleme

Das Verhältnis zwischen einer hier und jetzt eingesetzten konkreten, überschaubaren Geldsumme einerseits und überabzählbarem Geld andererseits ist notwendigerweise asymmetrisch – so wie das Verhältnis von Zeitlichkeit und Ewigkeit. Zeitlichkeit und Endlichkeit sind per definitionem befristet und müssen deshalb mit Fristen rechnen und handeln. Sie nehmen Kredit bei der unendlichen Zeit und laden dadurch Schuld/en auf sich, die zurückgezahlt werden müssen. Die endliche Schöpfung steht in der Schuld des unendlichen Schöpfers, günstigstenfalls in der Dankesschuld. Vielzitierte Sätze aus den tiefsinnigen Registern des Kulturbestandes umkreisen den Komplex von Schuld und Schulden: Man muss für alles büßen – oder zahlen. Der Tod ist der Sünde Sold (Röm. 6,23). Erbsünde heißt, der Sünde einen Erben zu machen. Nirgendwo sonst ist die Verwandtschaft von Ökonomie und Religion so eng wie im Schuld/en-Syndrom; „und vergib uns unsre Schuld, wie auch wir vergeben unsern Schuldigern", beten im Vaterunser die Geschöpfe zu ihrem Schöpfer, in dessen Schuld sie stehen. Schon der im frühen sechsten Jahrhundert v.Chr. formulierte berühmte bis berüchtigte Satz des Anaximander umkreist fundamentalontologisch das Problem von Schuld und Verschuldung alles Seienden. Er lautet: „ἐξ ὧν δὲ ἡ γένεσίς ἐστι τοῖς οὖσι, καὶ τὴν φθορὰν εἰς ταῦτα γίνεσθαι κατὰ τὸ χρεών· διδόναι γὰρ αὐτὰ δίκην καὶ τίσιν ἀλλήλοις τῆς ἀδικίας κατὰ τὴν τοῦ χρόνου τάξιν." In Nietzsches Übersetzung: „Woher die Dinge ihre Entstehung haben, dahin müssen sie auch zu Grunde gehen, nach der Notwendigkeit; denn sie müssen Buße zahlen und für ihre Ungerechtigkeit gerichtet werden, gemäß der Ordnung der Zeit."[99]

In dem Spruch des Anaximander kommt eine ebenso starke wie wirkungsmächtige gnostische Intuition zum Ausdruck. In pessimistischer Perspektive: Sein stört die Reinheit des Nichtseins; was immer ist, lädt durch sein bloßes Sein eine Schuld auf sich, die getilgt werden muss – dadurch, dass der/das Schuldige/r (aus)getilgt wird „gemäß der Ordnung der Zeit". In religiöser Perspektive: alles Geschaffene steht in der Schuld des Schöpfers, zu dem es zurückkehren muss; alles Begründete schuldet sich dem göttlichen Grund und muss deshalb zugrunde gehen, nur so kann es erlöst werden. In ökonomischer Perspektive: alles existiert nur auf Kredit, und der muss getilgt werden; wer in Schuldhaft ist, muss ausgelöst werden. Der Anaximander-Kenner Nietzsche hat wohl am eindringlichsten darauf aufmerksam gemacht, dass der religiös-moralische „Hauptbegriff ‚Schuld' seine Herkunft aus dem sehr materiellen Begriff ‚Schulden' genommen hat."[100] Materiell-ökonomischer Art ist auch die Tiefengrammatik des religiösen „Bewußtseins, Schulden gegen die Gottheit zu haben."[101] „Das Schuldgefühl gegen die Gottheit", so Nietzsche, „hat mehrere Jahrtausende nicht aufgehört zu wachsen, und zwar immerfort im gleichen Verhältnisse, wie der Gottesbegriff und das Gottesgefühl auf Erden gewachsen und in die Höhe getragen worden ist. (...) Die Heraufkunft des christlichen Gottes, als des Maximal-Gottes, der bisher erreicht worden ist, hat deshalb auch das Maximum des Schuldgefühls auf Erden zur Erscheinung gebracht. Angenommen, daß wir nachgerade in die *umgekehrte* Bewegung eingetreten sind, so dürfte man mit keiner kleinen Wahrscheinlichkeit aus dem unaufhaltsamen Niedergang des Glaubens an den christlichen Gott ableiten, daß es jetzt bereits auch schon einen erheblichen Niedergang des menschlichen Schuldbewußtseins gäbe; ja die Aussicht ist nicht abzuweisen, daß der vollkommne und endgültige Sieg des Atheismus die Menschheit von diesem ganzen Gefühl, Schulden gegen ihren Anfang, ihre *causa prima* zu haben, lösen dürfte. Atheismus und eine Art *zweiter Unschuld* gehören zueinander."[102]

Das sind bedenkenswerte Worte. Durch ein besonders ausgeprägtes Schuldbewusstsein gegenüber einer theologisch oder ökologisch verstandenen causa prima ist kapitalistisches Wirtschaften bislang nicht aufgefallen. Durch hohe Produktivität aber durchaus. Der Charme moderner, geldfokussierter Wirtschaftsformen liegt gerade in der eleganten bis kaltblütigen Entkoppelung moralisch-theologischer und ökonomischer Schuldlogiken. Dem „ex malo bonum"-Topos gemäß (vgl. Kap. 4) vertraut modernes Wirtschaften darauf, dass der gelassen entspannte Umgang mit schuldhaftem Verhalten gegenüber dem traditionellen, religiös imprägnierten Moralkodex positive, nämlich hochproduktive Effekte zeitigt (private vices become public benefits). Das atheistische Dies- oder Jenseits von (christlicher) Religion ist der Kapitalismus deshalb aber keineswegs. Er ist vielmehr durch und durch religiös gestimmt. Zwar nehmen immer mehr Mananger- und Banker-Köpfe (nennen wir sie Esser und Ackermann, Schremp und Middelhoff, Breuer, Wiedeking und Notheis), die im Wirtschaftsleben Verantwortung tragen und glänzend verdienen, die von Nietzsche beschworene zweite Art von Unschuld für sich in Anspruch, auch und gerade, wenn sie juristisch belangt werden. Genau das unterscheidet sie von Unternehmern: die traditionelle Idee einer verantwortlichen Haftung mit dem Privatvermögen für verhängnisvolle Fehlentscheidungen wird geradezu systematisch verdrängt und ausgeblendet (wo kämen wir denn hin, wenn es nicht nur einen Bonus, sondern auch einen Malus für Manager gäbe?). Haftungsausschluss bzw. Haftungsübernahme durch eine Versicherung ist heute die Zentralvokabel jedes Arbeitsvertrages für Spitzenmanager. Ihnen wird verlässlich Vergebung aller Schuld zuteil. Damit ist die religiöse Kategorie der Schuld aber nicht schon aus dem Wirtschaftsleben verschwunden. Und das nicht nur deshalb, weil die Idee der Schuldvergebung christlich bestens implementiert ist. In Gestalt von wachsenden Schulden ist die Schuldkategorie im Wirtschaftsleben vielmehr dauerpräsent.

Geld ist ein Schuldtitel.[103] Wer Geld besitzt, ist in geradezu ausschweifender Weise Gläubiger. Denn er hat nicht nur gegenüber einer Person, die über einen spezifischen Vertrag bei ihm verschuldet ist, sondern virtuell gegenüber dem Rest der Welt Anspruch darauf, dass sein Geld in Waren, Güter und Dienstleistungen eingelöst wird. Wer für Geld Waren hergibt bzw. Dienst- und Arbeitsleistungen erbringt, erzielt dadurch einen Erlös, der ihn seinerseits in die Position eines Gläubigers gegenüber unübersehbar vielen anderen Schuldnern bringt. Das Grunddesign kapitalistischer Geldwirtschaft ist nach dem Bilde der christlichen Religion entworfen. „Der Glaube an unsern ‚Gläubiger', an Gott"[104], um noch einmal eine hellsichtige Formel Nietzsches zu zitieren, findet nicht etwa seine Alternative, sondern vielmehr seine spezifische Fort- und Umsetzung im Glauben an den Gläubiger Geld. Kapitalismus heißt, mit und im Geld nicht nur ein Tauschmedium, sondern einen einklagbaren kapitalen Schuldtitel zu etablieren. Am Anfang war und ist, theologisch gesehen, die Schuld, die wir dem Schöpfer aller Dinge nun eben schuldig sind, im schlimmeren Fall die Schuld, deren Zinseszinsen die Kindeskinder bis ins dritte und vierte Glied oder gar auf ewig abtragen müssen. Nicht nur im Hinblick auf den Schöpfergott, sondern auch im Hinblick auf Geld gilt, dass am Anfang eine ungeheure Schuld ist. So wie die Schöpfung von Anfang an in der Schuld des Schöpfers steht, so stehen ökonomische Werte in der Schuld des Geldes. Kreditgeld ist – auch entstehungsgeschichtlich – kein Derivat von Tauschgeld, sondern die genuine Form von Geld schlechthin.[105] Logisch wie chronologisch erscheint Geld zuerst als Rückzahlungsverpflichtung eines Schuldners gegenüber einem Gläubiger. Wem aufgrund einer Seuche (wollte Gott ihn damit für Schuld bestrafen?) die Herde weggestorben ist, kann sich bei seinem Nächsten junge Tiere leihen, um so erneut eine Herde heranwachsen zu lassen – wenn er sich geldsymbolisch (per Versprechen oder Eid, auf Pergament, Ton, Metall) verpflichtet, seine Schuld später zu begleichen (womöglich mit Zins und Zinseszins, so wie die Tiere Kinder und Kindeskinder hervorbringen).

Sünden müssen gebüßt, Schulden müssen zurückbezahlt werden, Geld und (Ver-)Geltung gehören nicht nur etymologisch, sondern auch genealogisch und logisch zusammen. Ein Schuldner muss glaubwürdig sein, um kreditfähig zu sein. Er muss glaubwürdig versprechen, seine Schuld(en) fristgerecht zu begleichen. Nun weiß jeder, dass Versprechen auch Versprecher sein können. Man kann ein Versprechen ernsthaft oder leichtsinnig geben, man kann es einlösen oder nicht, aus welchen guten oder schlechten Gründen auch immer (etwa weil man ein Schuft oder weil man vom Unglück verfolgt ist). Weil es um das religiös-ökonomische Verhältnis von Gläubiger und Schuldner systematisch heikel bestellt ist, kann ein Dritter gegenüber dem Gläubiger des Schuldners dafür bürgen, dass das Tilgungs-Versprechen des Schuldners doppelt gedeckt ist. Schillers berühmte Ballade *Die Bürgschaft* weiß ein eindringliches Lied davon zu singen, dass auch Bürgen, die dem Schuldner mehr Vertrauen schenken, als der Gläubiger es tut, ein hohes Risiko eingehen, ebenso wie der Gläubiger, der den Bürgen akzeptiert. Kurzum: die Frage nach der Deckung zählt zu den trivialsten und zugleich abgründigsten Problemen der religiösen wie der ökonomischen Sphäre. Ob Erlösungs- und Erlösversprechen auch eingelöst werden, ob wir post mortem der ewigen himmlischen Herrlichkeit teilhaftig werden oder ob unser Schuldner den Glauben verdient, den wir in ihn setzen – wir wissen es solange nicht, bis es zur Offenbarung bzw. zum Offenbarungseid kommt. Geld stellt das Schuld/en-Deckungsproblem unausgesetzt.

Der Gedanke, Geldwerte seien gedeckt, ist, nüchtern betrachtet, von geradezu abenteuerlicher Qualität. Was auch sollte an einem Geldschein, an einem Sparbuch, an einer Obligation oder an einer Plastikkarte (schweigen wir gnädig von Derivaten), die alle mitsamt Kredit gewähren, also Ziehungsrechte auf Güter und Dienstleistungen versprechen, ihrerseits glaub- und kreditwürdig sein? Es ist und bleibt die milliardenfache Inkarnation des eigentlichen Wirtschaftswunders schlechthin, dass Geld als Titel gegenüber unendlich vielen Schuldnern sowohl von Gläubigern als auch von Schuldnern beglaubigt wird. Ob und wie Geld gedeckt ist, zählt zu den seltsamsten und unangenehmsten Fragen der Wirtschaftstheorie. Die klassischen Antwortversuche auf diese Kardinalfrage stecken samt und sonders in einer tiefen und nicht zu überwindenden Krise. Die Deckung von Geld über Gold hat den Oberflächencharme aller Fundamentalismen und Substantialismen. Gold ist knapp und deshalb wertvoll; was geschähe, wenn das alchemistische Versprechen wahr würde und man reines Gold im Übermaß produzieren könnte oder wenn eine ungeheure und leicht abbaubare Goldmine gefunden würde – das bleibt wohl eine spekulative Überlegung wie die, welchen Preis Kartoffeln hätten und ob sie anders schmecken würden, wenn sie so rar wären wie Trüffel et vice versa. Alles Geld der Welt mit Gold zu decken aber wäre eine pragmatische Unmöglichkeit. Wer heute ernsthaft Geld mit Gold decken wollte, würde die Weltwirtschaft nicht etwa stabilisieren, sondern destabilisieren, wenn nicht ausbremsen.

Ähnlich heikel, weil schlicht nicht praktikabel sind andere Formen substantialistischer Gelddeckung z.B. über Grundbesitz. Die heutige Standardtheorie, Geld sei durch das Bruttosozialprodukt eines Landes oder einer Wirtschafts- und Währungszone wie der der Eurostaaten gedeckt, beruhigt die Gemüter. Aber so, wie es sich empfiehlt, nicht allzu gründlich bzw. abgründig darüber nachzudenken, ob die Transsubstantiation von Esspapier in den Leib Christi wirklich glaubwürdig ist, so empfiehlt es sich auch, nicht allzu viel Zeit und öffentliche Aufmerksamkeit Fragen wie der zu widmen, inwiefern Unfälle und Krankheiten, deren Beseitigung und Bekämpfung erheblich zum Bruttosozialprodukt beiträgt, Geldwerte decken sollen. Man soll, man muss dran glauben, sonst kann die schockierende Entdeckung drohen, dass Deckungen von Geldwerten a priori instabil sind.[106] Glaube ist gedeckt – durch Glaube; Geld ist gedeckt – durch Geld bzw. den Glauben an Geld.

Deckung ist ein Begriff, der unmittelbar das Themenfeld Vertrauen, Kredit, Risiko und Schuld/en betrifft. Denn Vertrauen, Zusagen, Wertzeichen, Versprechungen, Erlösungs- und Auslösungsprognosen (ich bin kreditwürdig, ich werde zurückzahlen) müssen gedeckt sein, wenn sie funktionieren sollen. Das gilt in der theologisch-religiösen wie in der ökonomisch-finanziellen Sphäre. Ohne Gott- bzw. Geldvertrauen, also ohne Vertrauen in die Deckung etwa der Versprechen, dass der Glaube an die göttliche Gnade oder an den Wert des Geldes gerechtfertigt, weil gedeckt ist, kollabieren die religiöse wie die ökonomische Sphäre. Dabei ist Deckung die Lösung eines Problems – und das Problem selbst. Denn Deckung (etwa von Geld oder von Heilsversprechen) ist ja nur notwendig, weil diese Versprechen nun eben Versprechen sind – und also immer im Verdacht stehen, dass sich da jemand übernommen hat, dass da ein Versprecher statt eines Versprechens vorliegt. Zumal die Frage nach der Deckung des Geldes wirft heikle Fragen auf. Wer deckt die Deckung? Sind die Assoziationen, die nicht nur im Deutschen dem Wort ‹Deckung› obligatorisch mitgegeben sind (die Decke, unter die wir kriechen, die Decke eines Hauses, die militärische Deckung, um vom Deckhengst zu schweigen), wohlfeile Assoziationen oder verweisen sie auf die Möglichkeit einer unangenehmen Entdeckung: dass es keine (letzte) Deckung gibt?

Die drei aufeinanderfolgenden Finanzkrisen der letzten zehn Jahre haben, wie schon im Vorwort angedeutet, geradezu bilderbuchmäßig deutlich gemacht, wie intim eng das Verhältnis von Glaubwürdigkeit und Geldwertdeckung ist. Die Krise von 2002 war eine klassische Überbewertungskrise, die Unternehmen des Neuen Marktes betraf. Abenteuerlich hohe Börsennotierungen von Medien- und Telekommunikationsfirmen brachen zusammen (erste Krise), als die sie begleitenden großen Erzählungen, also die Stories, auf die steigende Börsenkurse angewiesen sind, nicht mehr auf allgemeine Glaubensbereitschaft stießen. Die weltweit einbrechenden Aktienkurse für diese Firmen bedeuteten einen Verlust an Geld- und Vermögenswerten, der aber sodann durch die Erfindungen der Finanzsphäre mehr als wettgemacht wurde. Die rasante Expansion von Derivaten aller Art brachte eine offensive Entkoppelung von Geld- und Sachwerten mit sich; doch gerade diese Entkoppelung ermöglichte eine Ausweitung der Geldmenge, die den durch den Börsencrash von 2002 eingetretenen Buchgeldverlust mehr als ausglich. Die Menge aller Geldtitel in den OECD-Staaten hat sich im Jahrzehnt von 2000-2010 bei konservativer Rechnung mindestens vervierfacht, die aller Güter und Dienstleistungen ist (je nach Rechnung) hingegen nur um ca. 30-50 Prozent gestiegen. Und dies bei einer bemerkenswert geringen Inflationsrate.

Der Krise der Realökonomie folgte sechs Jahre später mit dem Zusammenbruch der Lehman-Brothers-Bank im September 2008 (zweitens) die Krise der Finanzinstitute, die schlicht damit zusammenhing, dass unübersehbar viele durch realökonomische Werte ungedeckte Geldtitel kursierten (wie Anleihen, Verbriefungen, Derivate, Credit Default Swaps). Der fällige ganz große Crash wurde durch staatliche Garantien für Banken und Versicherungen, die einander, ja, die sich selbst und ihren Papieren nicht mehr vertrauten, stabilisiert. Die vom Finanzsektor und neoliberalen Ökonomen viel geschmähte Politik hat rettend eingegriffen und dadurch wahrscheinlich einen Zusammenbruch der Wirtschaft und Gesellschaft wie den nach dem schwarzen

Freitag 1929 verhindert. Diese Leistung der Politik ist beeindruckend, der Preis dafür ist dennoch hoch. Viele Reiche haben dank dieser staatlichen Garantien für „systemrelevante" Banken nach wie vor dreistellige Millionenbeträge und mehr in ihren Depots, aber allein der deutsche Staat hat dafür, dass er die Deckung unglaublicher Schuldtitel übernahm, seine Gesamtschulden in gut einem Jahr (2009/10) von 1.6 auf 2 Billionen, also um fast 400 Milliarden erhöhen müssen. Absehbar und in vielen Staaten wie Griechenland, Portugal, Island u.a. ja schon handgreiflich ist die Verlagerung der Überschuldungskrise vom privaten Bankensektor auf die öffentliche Hand. Die dritte Krise zeichnet sich deshalb schon deutlich ab, sie ist unvermeidbar: die öffentliche Hand ist in allen westlichen Staaten (incl. der USA und Deutschland) in absehbarer Zeit insolvent. Was nichts anderes heißt als dies: dass der Retter aus höchster Finanznot seinerseits rettungsbedürftig ist.

Staaten, so sagen viele, können nicht insolvent werden. Das ist ein frommer Wunsch, wie das Beispiel des neoliberal-fröhlichen Steuerverweigerungsstaates Griechenland zeigt. Nicht nur failed states wie Somalia (Schreckbild eines extrem deregulierten liberalen Staates) sind pleite. Die Lage ist ernst, sehr ernst, aber so ernst ist sie nun auch wiederum nicht. Und das aus einem einfachen Grund. Finanzkrisen sind eben Finanzkrisen, sie betreffen das Vertrauen, dass Leute, Firmen, Banken in Geld und Schuldtitel aller Art setzen. Das Verhältnis von Finanzen zur Realökonomie aber ist vertrackt; es bietet neben sehr ernsten bis tragischen auch heitere Aussichten. Konsistent ist etwa eine Schuldentilgung bei gleich vielfachen Kreditnehmern nach diesem Muster: ein Kunde hinterlegt bei einem Händler tausend Euro als Pfand dafür, dass er in drei Stunden zurückkommt, um mitzuteilen, ob er die wertvolle Antiquität mit der dann vorliegenden Zustimmung seiner Gattin kaufe oder nicht, bis dahin solle der Händler das wertvolle Stück keinem anderen verkaufen. Der stimmt zu, nimmt das Geld entgegen und eilt zum Vermieter seines Ladens, dem er tausend Euro schuldet. Der tilgt mit dem Betrag geschwind seine Schulden beim Bäcker, dieser beim Metzger, dieser beim Handwerker, und dieser wiederum beim Antiquitätenhändler. Als der interessierte Kunde zurückkehrt und dem Händler mitteilt, die Gattin habe dem Kauf nicht zugestimmt, erhält er sein Pfand in voller Höhe zurück – nicht ahnend, dass er aufgrund seiner Liquiditätsspende ohne jeden Verlust für sich selbst in drei Stunden vier Schuldner erlöst und glücklich gemacht hat. Die 1884 erschienene geistreiche Klamotte der Brüder Schönthan *Der Raub der Sabinerinnen* hat theatertauglich gezeigt, wie eine solche Schuldentilgung funktionieren kann.

Der komödiantische Scherz verweist auf ein seriöses Problem von Schuld- und Verschuldungs-Logiken – nämlich schlicht darauf, dass Schulden immer auch Guthaben sind. Schwankhafte Qualität hat natürlich auch die allzu gutmütige und wohlfeile Konstruktion, dass alle Schuldner genau soviel Schulden wie Guthaben haben und deshalb schnell quitt miteinander sein können. Alltägliche Tilgungsgeschichten sind in aller Regel komplexer, einfach deshalb, weil A einige Millionen Guthaben, hat, aber seinerseits schuldenfrei ist, und B nur Schulden hat. Dennoch macht der Schwank auf ein häufig übersehenes Problem aufmerksam. Wenn eine Firma insolvent ist und Konkurs angemeldet hat, so ist sie deshalb ja fortan nicht einfach inexistent. Die Firma mag ruiniert sein, eine Ruine ist sie deshalb nicht.[107] Das Grundstück, die Gebäude, die Maschinen, die Lagerhalle, die produzierten, wenn auch möglicherweise nicht verkauften Waren und nicht zuletzt die Mitarbeiter sind ja am Tag nach der Insolvenz noch ebenso da wie am Tag vor der Insolvenz. Bzw. fast in derselben Weise; denn im Realen hat sich kaum etwas geändert, im Symbolischen aber durchaus. Die Durchschlagskraft des Symbolischen / Finanziellen auf die realwirtschaftliche Sphäre kann (wie in den vielen Jahren nach 1929), muss aber nicht verheerend sein. Schulden sind in finanzökonomischer Perspektive das erste und das letzte Wort – was auch heißt, dass man mit Schulden immer neu anfangen kann. Schulden sind tragödien- und komödientauglich. Denn der Kapitalismus ist die wirtschaftliche Inkarnation eines unkritischen Irrationalismus und gleicht eben deshalb dem wundersamen Vogel Phönix, der sich und andere verbrennt, aber aus der Asche stets erneut seinen Höhenflug antritt – wenn, ja wenn, die Menge der Asche nicht wächst und wächst und so überhand nimmt, dass sie noch den Vogel Phönix hindert, seinen Flug erneut zu beginnen.

9 ÖKONOMISCH-THEOLOGISCHE AUFKLÄRUNG – VON DER UNSICHTBAREN HAND ZU SICHTBAREN HÄNDEN

Der vorliegende Traktat begründet eine einfache These, die da lautet: die ökonomische Aufklärung bleibt hinter dem Stand der religiös-theologischen Aufklärung bemerkenswert weit zurück. Zweifel an der Auferstehung der Toten oder an der Existenz Gottes, der alles in seiner Hand hat, sind aus nachvollziehbaren Gründen heute in auch nur moderat liberalen Sphären weit verbreitet, sie werden auch kaum mehr inkriminiert; Zweifel an der unsichtbaren Hand des Marktes, die alles so herrlich regiert, gelten hingegen als das eigentliche Sakrileg und als bekämpfenswerte Häresie – gerade unter Liberalen. Der Autor dieses Essays macht sich wenig Illusionen über die Wahrnehmung dieses Textes, sollte es sie überhaupt geben, bei (neo-)liberal orientierten wirtschaftswissenschaftlichen Lesern. Er wird ihnen als blanke Irrlehre erscheinen, gegen die man glaubensfest, nein, nicht glaubensfest, sondern orthodox, nein, nicht orthodox, das klänge ja schon wieder theologieaffin, sondern wie immer auch, jedenfalls entschieden vorgehen muss, etwa mit dem Hinweis, dass der Text nicht relevant sei, weil er aus kulturwissenschaftlicher Feder stammt und weil er, anders als Theorien über die besondere Effizienz und Transparenz von Finanzmärkten, nicht im Allerheiligsten moderner Wissenschaft, in einem A-Journal, sondern vielmehr in einem Publikumsverlag erschienen ist. Auch für weite Sphären der Wirtschaftswissenschaften gilt: Roma locuta, causa finita; A-journals haben das Sagen, Bücher sind irrelevant.

Nun müssen sich auch und gerade kritische Essays aus gutem Grund die Frage gefallen lassen, wo denn die positiven Vorschläge blieben. Es ist leicht, diese Frage zu ironisieren; es ist jedoch sachlich angemessen, zu fragen, ob eine These wie die von der religiösen Qualität kapitalistischen Wirtschaftens und der theologischen Qualität der einflussreichsten neoliberalen Wirtschaftstheorie praktikable Reformen nahelege, ob also der Abschied von undurchschauten Glaubensüberzeugungen in der Wirtschafts- und Finanzsphäre pragmatische Konsequenzen zeitigen könne. Die Antwort ist ein entschiedenes ‚Ja'. Dennoch fällt sie insofern unspektakulär aus, als nun kein Plädoyer für eine ganz andere Form des Wirtschaftens folgen wird. Die alte Frage, ob es irreversible Fortschritte in Denken und Wahrnehmung gebe, lässt sich auch in wirtschaftspolitischer Hinsicht bei allen Einschränkungen im Einzelnen grundsätzlich mit einem fröhlichen ‚Ja' beantworten. Die alt(un) ehrwürdige Behauptung etwa, nur Männer, nicht aber Frauen hätten eine Seele, oder Versuche der Rechtfertigung von Sklaverei und Rassismus sind heute und wohl auch auf einige Dauer chancenlos – Gott sei Dank. Ähnlich dürfte es in absehbarer Zeit auch um die Versuche stehen, despotische, staatssozialistische, subsistenzökonomische, theokratische oder auf Naturalientausch beruhende Formen des Wirtschaftens ernsthaft ins Spiel bringen zu wollen. Der letzte Großversuch, Geld schlicht abzuschaffen, wurde unter der massenmörderischen Diktatur Pol Pots in Kambodscha unternommen. Um sehr zurückhaltend zu formulieren: menschlich und ökonomisch überzeugende Resultate hat dieses Experiment nicht erbracht.

Kurzum: freie Marktwirtschaft ist ein schlechthin überzeugendes und bewährtes Konzept – gerade weil und wenn sie Gestaltungsspielraum für viele, möglichst alle gewährt. Eine Volkswirtschaft, gar die Weltwirtschaft insgesamt auf ein zentrales Plan-Kommando ausrichten zu wollen, wäre blanker Wahnsinn (ein Wahnsinn, dem nicht nur stalinistische Volkswirtschaften, sondern auch der eine oder andere global player verfallen sein mag). Wenn man überzeugend für eine freie Marktwirtschaft plädiert, die komplexen Kontexten und Problemkonstellationen elastisch gewachsen ist, ist es umso bizarrer, wenn man zugleich diese subsidiaritätsfreundliche Wirtschaftsform als ein gottgleiches Supersubjekt versteht, vor dessem allmächtigen Willen und Wissen alle in Ehrfurcht erstarren müssen. Ökonomische Aufklärung heute beginnt, wenn man einsieht, dass man Priestern misstrauen darf, die genau zu wissen glauben, was die mächtige unsichtbare Hand des göttlich-weisen Marktes will. Die aufklärungskonservative Vermutung muss zulässig sein, die unsichtbare Hand sei und heiße deshalb unsichtbare Hand, weil es sie wie anderes Unsichtbares nicht gibt – anders als etwa Gebührentabellen für Notare, Preisabsprachen in der Zementindustrie oder die sehr handgreiflichen Emails des deutschen Chefs der Morgan Stanley-Bank Dirk Notheis an Stefan Mappus, den CDU-Ministerpräsidenten von Baden-Württemberg. Der Banker hat den Politiker in der Hand, er schreibt ihm handfest vor, was er zu sagen und zu tun hat – nämlich eine Energieversorgungsfirma zu überhöhten Preisen für die öffentliche Hand zu kaufen. Das Script, das der Banker

Notheis dem Politiker Mappus am 22. November 2010 auf seinem Blackberry vorschreibt, klingt dann z.B. so: „Du brauchst fuer die Wirtschaftspresse bundesweit einen top-Medienspinn(sic!)-Doctor. Wuerde hierzu Hering&Schuppener aus Frankfurt ... nehmen. Ist mit Abstand der beste fuer M&A Situationen. Er wird den richtigen Spinn bei FAZ, Handelsblatt, FTD etc. erzeugen. (...) Du solltest idealerweise einen renommierten Volkswirt aus B(aden)W(ürttemberg) haben, der das ganze gut findet und den die Presse zitieren kann. Er sollte das als ‚moderne Industriepolitik' qualifizieren und Dir damit Rueckendeckung von wirtschaftswissenschaftlicher Seite verschaffen." Das „Meeting mit Sarko", gemeint ist der französische Präsident, müsse noch organisiert werden – „oder Du fragst Mutti (gemeint ist die deutsche Bundeskanzlerin, J.H.), ob Sie (sic) Dir das arrangieren kann." So fein und umsichtig kann die unsichtbare Hand den Markt regieren und für gerechte Preise sorgen. Am 28. November 2010 schreibt der stilsichere Banker Dirk Notheis an Rene Proglio, den Frankreich-Chef von Morgan-Stanley: „Your brother (der Zwillingsbruder von Rene Proglio ist der Chef des EDF / Electricité de France-Konzerns, J.H.) has already agreed the deal at 40 €, which is more than rich as we know." Am 4. Dezember folgt dann wieder eine mail voll handfester Vorschriften an den neoliberalen Politiker Mappus: „Bitte achte darauf, dass Du das o.a. durchziehst. Das verursacht sonst anderenfalls erheblich Sand im Getriebe und das kann ich jetzt nicht gebrauchen."[108] Der Spitzenbanker Dirk Notheis verdient das Vielfache von „Mutti" resp. der Bundeskanzlerin. Der Vorschlag, man möge Einkommen für Manager auf das Dreifache des Gehalts eines Bundeskanzlers begrenzen, scheint ihm und seinesgleichen abwegig. Ihn mit seinem Privatvermögen für die Schäden haftbar zu machen, die er der öffentlichen Hand zugefügt hat – welch unsinniger Gedanke.

Die Bankerhand, die diese Zeilen schrieb, wäre sicher gerne unsichtbar geblieben. Mit der kultisch verehrten invisible hand des Marktes hat sie wenig Ähnlichkeit. Oder eben doch: Denn das Großartige an der freien Marktwirtschaft ist ja gerade, dass die in ihrem Rahmen Handelnden selbstverantwortlich Handelnde sind, die etwas so oder eben auch anders machen und verhandeln, produzieren und kaufen/verkaufen können – dass sie frei sind, dies zu tun und jenes zu lassen. Keine Macht der Welt hat den Spitzenbanker und den Spitzenpolitiker gezwungen, ihre entsetzlich stillosen Manipulationen so handgreiflich zu praktizieren und sich selbst so unsäglich vorzuführen; keine Macht der Welt hat den Vorstandssprecher der Deutschen Bank genötigt, vor Gericht die Finger seiner Hand, einen psychosexuell nicht unproblematischen Popsänger imitierend, zum Victory-Zeichen zu spreizen. Manipulation (von lat. manus / Hand): das in den letzten neoliberalen Jahrzehnten ein wenig aus der Mode gekommene Wort meint ja nichts anderes als dies, dass man etwas mal handgreiflich, mal mit einem Kunstgriff so oder anders gestalten kann. Was auch heißt, dass man Handlungen den für sie verantwortlichen Personen zuschreiben kann. Keine göttliche oder ökonomische unsichtbare Hand hat Mappus genötigt, sich als Politiker so zur Marionette in den Händen eines unfeinen Bankers und Parteifreundes machen zu lassen. Freie Marktwirtschaft heißt, dass ökonomisch Handelnde sich nicht auf höhere Mächte und Gewalten rausreden (Gott oder die unsichtbare Hand hat es so gewollt), sondern frei verantworten, was sie tun.

Diese schlichte Einsicht hat weitreichende Konsequenzen. Und so sollen im Folgenden einige Szenarios zumindest skizzenhaft angedeutet werden, die zur Disposition aufgeklärten Wirtschaftens stehen. Sie werden durch einen roten Faden zusammengehalten – durch die Kritik an kryptoreligiösen Marktmystifizierungen und das Plädoyer für individuell zurechenbare Verantwortung:

1. Gleiche Vermögen und Einkommen für alle – das wäre aus vielerlei hier nicht im Einzelnen auszuführenden Gründen keine gute Idee. Diskussionsbedürftig aber ist es sicherlich, wenn Einkommensbezüge (und ererbte Vermögen sowieso) sich überdimensional spreizen. In den fünfziger Jahren des letzten Jahrhunderts dürfte der Vorstandchef eines Großunternehmens etwa das Dreißigfache eines Arbeiters, Pförtners oder seines Chauffeurs betragen haben, heute kann die Korrelation bei 1:300 oder mehr liegen. Dabei geht es vielleicht auch, aber sicher nicht nur um die viel beschworene Neiddiskussion, sondern um Fragen der motivierenden Selbstschätzung und Anerkennung. Es ist einfach unproduktiv, wenn Spitzenmanager auch dann, wenn sie grandios scheitern, Abfindungen in Millionenhöhe erhalten. Man kommt auf dumme Gedanken, wenn man ohne eigenes Risiko sehr vielen anderen, ja ganzen Unternehmen, Staaten und Währungszonen Wahnsinns-Risiken zumuten kann. Die Forderung, je nach Erfolg oder Misserfolg der Managertätigkeit nicht nur Bonuszahlungen, sondern auch Malusrückforderungen zu vereinbaren, ist funktional einleuchtend. Man muss sich die Dimensionen vergegenwärtigen. Wenn ein gescheiterter Manager eine Abfindung in Höhe von 70 Millionen Euro erhält, so entspricht diese Summe einer Millionen für 70 Haushalte, Hunderttausend für 700 Haushalte bzw. Zehntausend für 7000 Haushalte. Man

kann Geld so oder so ausgeben. Welche Auswirkungen welche Verteilung für die Wirtschaftsdynamik hat, bedarf keines Kommentars. Der Satz, solche exorbitanten Summen würden vom Markt für Spitzenkräfte verlangt, kündet bestenfalls von Aberglauben, ist aber wohl eher Ausdruck eines recht durchsichtigen Interesses. Es genügt ein schlichtes Gedankenexperiment, um dies deutlich zu machen: würden sich Politiker untereinander (etwa Landes- und Bundespolitiker) nach dem in der Wirtschaft üblichen Schema Bonuszahlungen gewähren, so wie Aufsichtsräte und Vorstandsmitglieder dies mit großzügig angesetzten Kriterienkatalogen tun (wenn das Bruttosozialprodukt um mehr als ein Prozent im Jahr steigt und es keinen Bürgerkrieg mit mehr als hunderttausend Toten gibt, erhält jedes Kabinettsmitglied einen Bonus von drei Millionen und die Kanzlerin bzw. der Kanzler einen Bonus in Höhe von fünf Millionen), so wäre die Empörung unendlich – und die Bereitschaft vieler, in die Politik zu gehen, deutlich höher.

2. Unternehmer gehen je nach der Rechtsform ihrer Firmen gewisse bis hohe Risiken ein. Sie haften mit ihrem Privatvermögen oder zumindest Teilen davon und haben auch deshalb Aussicht auf Gewinne, die weit über dem liegen, was Arbeiter, Angestellte, Beamte, Selbständige etc. verdienen. Das ist auch gut so, dieses Prinzip hat sich bewährt. Eine Vollkaskomentalität gerade bei Schichten mit sehr hohen Vermögen und höchsten Einkommen ist hingegen kontraproduktiv und inakzeptabel. Wenn eine Großbank eine Rendite von 25 Prozent anstrebt und dafür enorme Risiken eingeht, aber weiß, dass sie im Fall der Insolvenz von der öffentlichen Hand gerettet wird, weil sie systemrelevant bzw. too big to fail ist, so ist das eine Einladung zur systematischen Fahrlässigkeit ohne Rücksicht auf Verluste für alle anderen, nur nicht für das eigene Haus. Und wer in der Energiebranche glänzend verdient und tatsächlich fest davon überzeugt ist, dass das Risiko von gewaltigen AKW-Unfällen vernachlässigbar ist, sollte – das ist ja aus seiner Sicht keine realistische Perspektive – mit seinem Vermögen für die Folgen einer atomaren Katastrophe zu haften bereit sein. Die lebensgefährlichen Reparaturaufgaben in der Nähe des auf Jahrtausende verstrahlten geschmolzenen Reaktorkerns können ja immer noch andere übernehmen.

3. Es brauchte lange, hat sich aber mittlerweile herumgesprochen, dass es wenig überzeugend ist, ganzen Berufsgruppen insgesamt hohe Anerkennung zu zollen oder aber eben nicht. Es gibt großartige und problematische Unternehmer und Manager, so wie es gute und

schlechte Ärzte und Rechtsanwälte gibt. Es gibt feine Bankiers wie Alfred Herrhausen und weniger feine Banker wie Dirk Notheis. Es gibt Politiker wie Angela Merkel und Stefan Mappus. Es soll sogar gute und schlechte Professoren und Päpste geben. Angesichts dieser Einsicht ist es umso irritierender, dass das Prestige von Politikern überhaupt in den letzten Jahren und Jahrzehnten enorm gesunken ist. Neoliberale Wirtschaftstheorie hat dazu entschieden beigetragen. Zu ihren Mantras zählt es, dass der private Sektor fast alles besser kann als der öffentlich-politische Sektor und deshalb Deregulierung angesagt ist. Vor allem mit Geld könne der private Sektor Klassen besser umgehen als die öffentliche Hand. Auch hier herrscht offenbar ein rührend naives Marktvertrauen und eine geradezu fanatische Glaubensbereitschaft. Denn es genügt erneut ein einfaches Gedankenexperiment: wären die öffentlichen Haushalte wirklich in kompetenteren und besseren Händen, wenn statt Peer Steinbrück oder Wolfgang Schäuble die Manager Thomas Middelhoff, Jürgen Schremp, Wendelin Wiedeking oder Dirk Notheis (schweigen wir gnädig von Extremfällen wie Madoff) Bundesfinanzminister gewesen wären und nicht Firmen wie Karstadt, Daimler oder Porsche in existenzbedrohende Nöte gebracht hätten?

4. Deregulierung von Märkten war das zentrale Wort im Glaubensbekenntnis vieler Ökonomen und fast aller Spitzenleute der Wirtschaft in den drei vergangenen Jahrzehnten. Dem Image des (demokratischen!) Staates hat es nicht gedient, dass er sich auf diese Forderung weitgehend eingelassen hat. Es ist schlicht falsch, dem Staat vorzuwerfen, er würde sich immer mehr in alle privaten Belange einmischen und die erzliberale Forderung nach einer Begrenzung seiner Wirksamkeit sträflich ignorieren. Am Beispiel von Deutschland lässt sich das leicht illustrieren. Ein Land mit einer in der Tat hochproblematischen obrigkeitsstaatlichen Tradition und einer höchstproblematischen Untertanenmentalität hat in den letzten Jahrzehnten die Wehrpflicht abgeschafft; es gibt kein Homosexualitäts- und Kuppeleiverbot mehr; Telekommunikation, Bahn- und Luftverkehr sind privatisiert; Securityservice gilt vielen als verlässlicher denn die gute alte Polizei; private Schulen und Hochschulen expandieren; ehemals staatsnahe Institutionen wie Kirchen und Landesbanken stehen systematisch unter kritischer Beobachtung; die Freiheit und die libertäre Qualität der Medien hat gewiss nicht abgenommen, seitdem es neben öffentlich-rechtlichen auch private Rundfunk- und TV-Sender gibt; wer wie im Fall der bürgerkriegsähnlichen Kämpfe um Bauprojekte wie Stuttgart 21 gegen staatliche

und juristisch bestätigte Entscheidungen protestiert, braucht keine langjährige Kerkerhaft zu befürchten; und die Notstandsgesetze wurden auch in den Hochzeiten der Terrorbedrohung durch die Rote Armee Fraktion nicht aktiviert. Indizien für einen krakenhaft immer mächtiger werdenden Staat liefern diese und weitere Entwicklungslinien nicht – was nun sicherlich kein Grund dafür ist, nicht wachsam etwa eine staatliche Datensammelwut (und wohl mehr noch die privater Unternehmen!) zu kritisieren. Naiv ist es jedoch, den Rückzug des Staates aus vielen Sphären prinzipiell als Freiheitsgewinn zu verbuchen. Somalia dürfte einer der liberalsten Staaten weltweit sein, frei und gut leben lässt es sich dort nicht. Um die Naivität des Glaubens an die stets segensreichen Wirkungen von Deregulierung sehr profan zu illustrieren: ja, man kann Steuern und Abgaben sparen, wenn sich der Staat etwa aus dem Bildungssektor, dem Sicherheitssektor oder der Altersversorgung zurückzieht. Wer aber Security kaufen muss oder seine Kinder auf Privatschulen und Privatuniversitäten schicken zu müssen glaubt, weil die staatlichen Bildungsinstitutionen nicht mehr gut genug sind, muss schon sehr viel Steuern gespart haben, um die privaten Zusatzausgaben kompensieren zu können. Deregulierung ist für viele gerade auch in ökonomischer Hinsicht ein ausgesprochen schlechtes Geschäft. Wer die Telekom-Volks-Aktie in der dritten Tranche gekauft hat, muss schon sehr lange zu den günstigeren neuen Tarifen telefonieren, um seine Börsenverluste wettzumachen. Wer dreimal täglich Pakete aus privater Zustellerhand entgegennehmen und deshalb seine Arbeit unterbrechen muss, statt einmal pro Tag von der staatlichen Post beliefert zu werden, muss sein Zeit- und Aufmerksamkeitsbudget sehr gering bewerten, um das Gefühl zu haben, Kosten zu sparen. Auch die Zahl der privaten Swimmingpools steigt, die der öffentlichen Bäder sinkt.

5. Der deutsche Staat ist mittlerweile eines gewiss nicht mehr: ein starker Staat. Um das zu illustrieren, muss man keine dramatischen Vergleiche mit dem wilhelminischen Obrigkeitsstaat, dem Nazi-Staat oder der DDR wählen. Es genügt, sich anzuschauen, welche Gehälter er im Vergleich zur Privatwirtschaft für Spitzenposten zahlen kann. Wer ein Jura-, BWL- oder VWL-Studium glänzend abgeschlossen und dabei gelernt hat, wie produktiv, legitim und cool es ist, auf Eigennutz und Gewinn zu achten, wird nicht lange in tiefem Nachdenken versinken, wenn er vor der Entscheidung steht, ob er bei einer Großbank bzw. einer Beratungsagentur oder im Finanzministerium (um gnädig vom Finanzamt zu schweigen) seine Karriere

beginnen soll. Der Vorstandssprecher eines Bauunternehmens verdient bekanntlich besser als ein Ministerpräsident, der Vorstand einer Privatbank erhält das Vielfache der Bezüge des Präsidenten der Europäischen Zentralbank. Was auch heißt: zwischen dem privaten und dem öffentlichen Sektor herrscht eine systematische Asymmetrie. Im Lobby- und Konfliktfall, also im Standardfall finden sich die deutlich besser alimentierten Köpfe (Gutachter, Experten, Juristen, Lobbyisten, PR-Leute etc.) auf Seiten der privaten Unternehmen. Weitgehend verloren gegangen ist seit dem politischen Erfolg der glaubensfanatischen Neoliberalen und Marktfundamentalisten die schlichte spieltheoretische Einsicht, dass in den meisten Fällen Kooperation allen Beteiligten mehr bringt als Konfrontation – was (in einem demokratischen Staat und nur in einem demokratischen Staat!) gerade auch für das Verhältnis von öffentlicher Hand und privaten Händen gilt. Weitgehend durchgesetzt aber hat sich die Wahrnehmung der öffentlichen Hand als Feind, der verdienstvollen Bürgern in die Tasche greift, und die Wahrnehmung des Steuerbetrügers als Robin Hood.

6. Die Entwicklung der großen Privatvermögen in den letzten zwei bis drei Jahrzehnten gibt keinen Anlass zur Klage (nach konservativer Schätzung, also etwa ohne Berücksichtigung von Geldern, die in Steueroasen geparkt werden, handelt es sich allein in Deutschland um 8-10 Billionen Kapitalvermögen, selbstbewohntes Grundeigentum, Autos, wertvolle Gemälde etc. nicht eingerechnet). Anlass zu Sorgen und Klagen gibt hingegen die schwindelerregende Entwicklung der Schulden der öffentlichen Hand. Nun zählt es zu den sicherlich größten Tabus, die glaubensstarke neoliberale Ökonomen errichtet haben, einen Zusammenhang zwischen beiden Entwicklungen zu sehen. Dabei ist schlechthin unbestreitbar, dass die Guthaben des einen die Schulden des anderen et vice versa sind (so lange Finanzmärkte, Währungen und Rechtsordnungen funktionieren!). Was sehr handfest heißt: die Schulden der öffentlichen Hand in Deutschland (derzeit über 2 Billionen Euro) sind schlicht identisch mit Guthaben in privaten Händen (im klassischen Fall in Form von Bundesschatzbriefen etc., ansonsten in Form von Forderungen, die private Banken, Versicherungen, Fonds etc. besitzen). Unbestritten ist auch, dass die erhabenen Schulden der öffentlichen Hand mit konventionellen haushaltstechnischen Mitteln nicht sukzessive abgebaut werden können. Die privaten Guthaben und öffentlichen Schulden werden so oder so neu konfiguriert werden müssen – doch genau dieses „so oder so" steht zur Diskussion und

Entscheidung. Um nur die wichtigsten Grundszenarien zu nennen: auf beherrschbare Maße reduzierbar sind die Schulden der öffentlichen Hand erstens durch eine heftige Inflation mit schwer überschaubaren Negativeffekten für alle, die über keine bedeutenden Realvermögen verfügen; zweitens durch einen radikalen Ausgabestopp etwa bei Sozialausgaben z.B. durch Reduktion des Hartz-IV-Satzes auf 100 € pro Monat oder Verwahrlosung der Infrastruktur, was wohl nicht minder schwere Verwerfungen als das Inflationsszenario mit sich bringen dürfte; drittens durch einen Haircut, also durch die Einstellung des Schuldendienstes mit unübersehbaren Auswirkungen auf den internationalen Finanzsektor und dadurch für die Realökonomie; viertens durch einen radikalen Währungsschnitt wie nach dem ersten oder zweiten Weltkrieg („alle zurück auf null"), was ohne vorangegangenen Krieg wohl schwer vermittelbar wäre; und fünftens durch einen Lastenausgleich, wie ihn kein anderer als der linker Spinnereien unverdächtige konservative Kanzler Adenauer nach 1949 für mehr als zwei Jahrzehnte durchsetzte. Von all diesen Szenarien ist das fünfte mit Abstand das eleganteste und preiswerteste. Drumrumreden lohnt sich dennoch nicht. Ja, Lastenausgleich bedeutet nach Jahren der Umverteilung von unten nach oben Umverteilung von oben nach unten. Zu sanieren wäre die öffentliche Hand dadurch, dass Leute, deren Privatvermögen so hoch ist, dass ein ca. zwanzigprozentiger Verzicht (bzw. auf zehn Jahre verteilt ein je zweiprozentiger Verzicht) auf dieses Vermögen keinerlei Verzicht bei der Lebensführung mit sich brächte, nun eben zwanzig Prozent ihres Vermögens abtreten müssten. Wer statt einer, zehn oder hundert Millionen nur noch über ein Vermögen von achthunderttausend, acht oder achtzig Millionen verfügt, wird seinen Lebensstil nicht ändern, sein Haus nicht verlassen, seine Autos nicht verkaufen, seine Restaurantbesuche nicht einstellen müssen. Das letztgenannte Modell rechnet sich gerade auch für Wohlhabende und Reiche. Bei gelingender Haushaltssanierung ergäben sich allein durch die Einsparungen beim Schuldendienst der öffentlichen Hand (trotz der derzeit geringen Zinsrate ist der Schuldendienst des Bundes mit ca. 50 Milliarden pro Jahr der zweitgrößte Haushaltstitel) sich verstärkende Spareffekte und damit Spielraum für Steuersenkungen. Wohlhabende und Reiche würden auch davor bewahrt, sich mittelfristig in Gated Communities oder alpine Burgfestungen zu flüchten, ihr krisengeschütteltes symbolisches Kapital würde sich stabilisieren. Wer ein preiswerteres, akzeptableres, gerechteres und nicht zuletzt besser funktionierendes Szenario als

dieses von der Initiative „Hurra wir tilgen" (www.hurrawirtilgen.de) vorgeschlagene weiß, möge es vorstellen.
7. Finanzkrisen sind immer auch Krisen, die insbesondere Leute betreffen, die nur Geld bzw. Geldforderungen, aber eben kein reales Vermögen (wie Immobilien, Aktien, Schmuck, Gemälde, Land etc.) ihr eigen nennen. Zumal Bürger, die darauf vertrauen (müssen), dass ihre in dreißig Jahren fällige Lebensversicherung oder ihre Rentenansprüche tatsächlich mehr wert sind als das Stück Papier, auf dem sie geschrieben stehen, sollten an volkswirtschaftlichem Realvermögen beteiligt werden, etwa so, dass die Hälfte der Rentenansprüche durch breitgestreute Aktienanlagen gesichert sind. Eine höhere Streuung des Eigentums am volkswirtschaftlichen Realvermögen ist die beste Versicherung gegen Krisen auf dem Finanzmarkt – die es dennoch immer geben wird, deren Auswirkungen dann aber verstärkt die Spieler im Casino unter sich selbst ausmachen müssen. Eins-zu-eins-Koppelungen zwischen Real- und Finanzökonomie kann und wird es nicht geben. Radikale und mutwillige Entkoppelungen zwischen beiden Sphären aber sind katastrophenträchtig. Um den Preis der Wiederholung: über zwei Drittel der derzeit kursierenden Gelder und geldnahen Titel (von Rentenansprüchen über portugiesische bzw. US-Staatspapiere und Schrottpapieren bei den bad banks bis hin zu Derivaten) dürften lang-, ja schon mittelfristig weitgehend bzw. gänzlich wertlos sein. Die Frage ist nur: welche? Wenn Banken durch die öffentliche Hand stabilisiert werden, dann hat das seinen Preis, nämlich rasant zunehmende Schulden der öffentlichen Hand, die dann weniger für Schulen, Straßen, Schwimmbäder, Gesundheitsvorsorge, Renten etc. ausgeben kann. Alle Indikatoren sprechen dafür, dass (schon aufgrund systemischer Informationsvorsprünge) große Privatvermögen nicht zu den Verlierern bei den Kämpfen zählen werden, welche papierenen Ansprüche radikal entwertet werden.
8. Hochgradig emotional besetzt ist die Diskussion über die ökonomische Bewertung von Elternschaft. Dass der matriarchal-patriarchale Stolz auf Kinder mit hohen persönlichen Kosten verbunden ist, ist unbestritten. Und dass die Kinder der oder des einen nicht nur das Alter der Eltern, sondern immer auch das Alter des Kinderlosen mitfinanzieren, ist ebenso unbestreitbar. Dieser Umstand und viele andere Gründe mehr sprechen für eine nicht übertriebene, aber doch merkliche Erhöhung der Erbschaftssteuer – zumal für kinderlose Erblasser. Erben ist kein Verdienst und keine Leistung. Es ist nicht recht ersichtlich, welcher Leistungserbringer geschädigt wird,

wenn kinderlose Erblasser die Hälfte der Erbschaft der öffentlichen Hand überlassen müssen. Eine Gesellschaft, die sich selbst als marktwirtschaftliche Leistungsgesellschaft versteht, sollte sich selbst ernstnehmen.

9. Es gibt Theorien, die insofern rein sind, als es abenteuerlich wäre, bei ihnen Rückkoppelungseffekte auf die Funktionsweisen des von ihnen Thematisierten zu unterstellen. Keiner, der auch nur ansatzweise bei Sinnen ist, wird unterstellen, dass sich der Gang der Gestirne geändert hat, als oder gar weil Newton ihn anders als Aristoteles bzw. als oder gar weil Einstein physikalische Gesetze anders als Newton beschrieben hat. Hingegen gibt es Theorien, deren Rückkoppelungsmacht auf das theoretisch Erfasste gewaltig ist – wie etwa bei der feministischen Theorie, die die Geschlechterverhältnisse elementar ändert, die sie analysiert und beschreibt, oder wie bei Theologien, von denen böse Zungen behaupten, dass sie erst schaffen, was sie beschreiben (sei es Gott, Hexen oder Teufel). Auch wirtschaftswissenschaftliche Theorien haben ersichtlich eine Rückkoppelungsmacht, die sie eher in den Umkreis der Theologien als in den der Physik stellt – aber genau dies ist häufig der blinde Fleck in ihrer Selbstbeobachtung. Sie genießen um so mehr Prestige, je rechenintensiver sie daherkommen. In mancherlei Hinsicht ist das auch hochplausibel. Ein herausragendes Beispiel dafür ist die Erstellung demographischer Szenarios für eine angemessene Rentenreform – bei welcher Bevölkerungsentwicklung und welcher durchschnittlichen Lebenserwartung sind bei welchen Beitragszahlungen bei welcher Lebensarbeitszeit und welcher Inflationsrate welche Rentenbezüge finanzierbar? Hier lohnt es offenbar, die Rechner mit Zahlen zu füttern und nach mathematischen Formeln zu suchen, die komplexe Zusammenhänge kalkulierbar machen. Doch selbst in diesem Beispielsfall ist unverkennbar, dass Prognosen über erwartbare bzw. nicht erwartbare Rentenzahlungen das aktuelle Tun und Lassen von Bürgern (eine Riesterrente abschließen oder nicht?) massiv beeinflussen kann – und ja auch soll. In anderen Hinsichten ist noch deutlicher, dass nicht Zahlen, sondern große Erzählungen den eigentlich heißen Kern wirtschaftswissenschaftlicher Theorien bilden. Ein drastisches Beispiel dafür liefert sicherlich die Geschichte marxistischen Wirtschaftens. Hier ruinierte eine falsche oder falsch verstandene Theorie viele real existierende Volkswirtschaften. Große religionsnahe Erzählungen finden sich aber nicht nur in kapitalismuskritischen Zirkeln, sondern auch und sicherlich nicht nur in neoliberalen Kreisen. Sie analysieren nicht, sondern sie predigen – dass die

Deregulierung von Märkten segensreich ist, dass Mindestlöhne Teufelswerk sind, dass Finanzmärkte besonders effizient sind, dass sich gegen den Heiligen Geist der Marktwirtschaft versündigt, wer nicht egoistisch ist, dass Finanzmärkte Realwerte schaffen, dass Wirtschaftsweise aus dem Abendland das Sternenlicht am Horizont bzw. die Aufhellung der Konjunktur richtig deuten und dergleichen mehr. Nicht auszuschließen, dass allzu viele Köpfe dergleichen Fabeln wirklich zu glauben anfangen, wenn sie es nur oft genug hören und deshalb weit unter ihren Möglichkeiten zu bleiben verdammt sind.

Nicht nur Philologen fällt auf, dass sich die traditionelle Bezeichnung für makroökonomische Analysen, nämlich ‚Politische Ökonomie', in den letzten Jahrzehnten zugunsten des Begriffs ‚Volkswirtschaftslehre' verabschiedet hat. Der Grund dafür ist leicht auszumachen. Deregulierung und radikale Liberalisierung der Märkte und der Finanzmärkte zumal zielt ja auf nichts anderes als auf den Rückzug der Politik aus der Wirtschaft und auf die Fesselung der öffentlichen Hand. Für die rechte Volkswirtschaftslehre, die keine politische Ökonomie mehr sein will, ist es selbstredend beschämend, dass die Wirtschafts- und Finanzsphäre in Zeiten der Krise zur Bittstellerin der von ihr viel gescholtenen Politik werden muss. Deutlich wird dann, dass auch der von einer recht unreinen Lehre verlangte und von Margret Thatcher, Ronald Reagan, Helmut Kohl, Silvio Berlusconi u.a. beflissen exekutierte Rückzug der Politik aus dem Marktgeschehen eine politische Entscheidung war. Die massiven (anti-)politischen Glaubensfixierungen der neoliberalen Lehre machen auch plausibel, dass sie sich nicht mit Ruhm bekleckert hat, als es um die Prognose bzw. Diagnose der Banken- und Finanzkrise von 2008 ging. Die Politik hatte ja getan, was diese Lehre verlangt hatte – wie sollte da was falsch laufen?

Politik ist gut beraten, wenn sie sich von glaubensfrohen Fundamentalismen aller Art distanziert. Dazu zählt auch der neoliberale Deregulierungsfundamentalismus. Unverkennbar ist heute das comeback der Politik, gerade auch in der ökonomischen Arena (um vom comeback der Polittheologien zu schweigen). Diese Wiederkehr aber ist eine zwanghafte. Politik kann nicht nicht entscheiden, wenn es darum geht, Banken zu retten oder fallen zu lassen, Steuern zu heben oder zu senken, Währungen zu wechseln oder zu belassen, neue Schulden aufzunehmen oder alte zu tilgen, einen Staat wie Griechenland finanziell zu unterstützen oder eben nicht, der vom Steuerboykott seiner wohlhabenden Bürger und der privaten Ausbeutung öffentlicher Ressourcen ruiniert wurde.

Die Politik, die sichtbar in die Sphäre zurückkehrt, in der die unsichtbare Hand waltet, ist stark geschwächt. Zu den Folgen und zweifelhaften, aber durchschlagenden Erfolgen der Lehre einer Ökonomie, die keine politische zu sein vorgab, gehört die Verachtung alles Politischen und aller Politiker in fast allen Milieus und Lagern. Was immer auch schiefläuft vom Klimawandel über die demographische Entwicklung und die schlecht erzogenen Kinder bis hin zum Dauerstau nicht nur auf Autobahnen – die Schuld daran trägt die Politik und tragen die Politiker. Es ist eigenartig, dass diese schlichte große Erzählung in grünen, gelben, schwarzen und roten Köpfen aller sonstigen Differenzen zum Trotz auf fast einhellige Zustimmung trifft. Wer politik(er)kritisch argumentiert (argumentiert?), darf des allgemeinen Beifalls sicher sein. Einen Gefallen tut sich die sog. Allgemeinheit mit ihrer wohlfeilen Politik(er)schelte aber nicht. Es lohnt sich schon, nachzufragen, ob einer Politik macht wie Stefan Mappus, nämlich als williger Handlanger handgreiflicher Banker-Interessen – oder eben nicht. Die Attraktivität von Politik als Beruf ist in den Jahrzehnten neoliberaler Deregulierung enorm gesunken, mit dem Erfolg, dass das politische System für viele originelle und gescheite Köpfe einfach nicht mehr attraktiv genug ist. Ein Leben als Banker oder Medienmensch macht nämlich mehr Spaß als die Politikerexistenz. Dafür, dass man Buhmann oder politisch korrekt: Buhfrau von allen wird, wenn man Politik als Beruf betreibt, ist die Bezahlung mäßig, die Karriere risikoreich, das Privatleben stark eingeschränkt, der Gestaltungsspielraum vielfach demokratisch und kompromisslogisch beengt und der Masochismus-Faktor hoch. Dennoch: es gibt auch in ökonomischer Hinsicht kein Dies- oder Jenseits der Politik. Zur Diskussion steht deshalb nur, wie kompetent oder eben inkompetent die politische Intervention in bzw. der politische Rückzug aus makroökonomischen Entscheidungen ist.

Die Priesterklasse der neoliberalen Wirtschaftsweisen hat, zahlreicher eklatanter Fehlprognosen und -diagnosen zum Trotz, in den letzten Jahrzehnten enorm an politischem Einfluss gewonnen. Segensreich war, um zurückhaltend zu formulieren, der Einfluss ihrer (Irr-)Lehren nicht immer. Wirtschaftstheorie ist zu wichtig und zu mächtig, um sie allein denjenigen Fachleuten zu überlassen, die glauben, dass sie den rechten Glauben haben, ja, die ihren Glauben gar als Wissenschaft (miss-)verstehen – so wie man auch Religionsfragen nicht allein Bischöfen, Ayatollahs und Theologen überlassen sollte. Angesagt ist eine heitere ökonomische Aufklärung. Wir können und müssen sie uns leisten, wenn wir nicht dran glauben wollen.

A WERTHER STELLT DIE WERTFRAGE –
ZUR ÖKONOMIE DER WERTE IN
GOETHES BESTSELLER

Goethe kannte sich in ökonomisch-finanziellen Sphären glänzend aus.[109] Kein Wunder: war er doch Sohn eines reichen Kaufmanns, der gut von den Zinsen seines Vermögens leben konnte, überdies bemerkenswert aufmerksamer Leser der nationalökonomischen Fachliteratur seiner Zeit (Adam Smith voran!) und nicht zuletzt langjähriger Finanzminister, der die Steuerprivilegien des Adels stark eingeschränkt und mit dieser und anderen Maßnahmen den Haushalt des kleinen, aber feinen Landes Sachsen-Weimar saniert hatte. Zu seiner hohen volkswirtschaftlichen Fachkompetenz trug aber vor allem auch der Umstand bei, dass er nicht „nur" Finanz-, sondern auch Kultusminister war – und der beste Schriftsteller (nicht nur!) seiner Epoche sowieso. Deshalb ist es nicht erstaunlich, dass Goethes Werke fast durchweg von der Begegnung kultureller, ästhetischer und ethischer Werte einerseits mit ökonomischen Werten andererseits handeln. Das gilt auch von seinem 1795 erschienenen Bildungsroman *Wilhelm Meisters Lehrjahre*. Darin findet sich eine Szene, in der Wilhelm, der theatralisch Schweifende, einen Brief seines Jugendfreundes und jetzigen Schwagers Werner erhält, der wie er selbst und wie sein Autor Sohn eines reichen Kaufmanns ist und ihn an ihr altes Projekt erinnert, gemeinsam einträgliche Geschäfte voranzutreiben. Konkret schlägt Werner vor, Wilhelm solle ein abgewirtschaftetes und deshalb preiswert zu erwerbendes Gut verwalten, es in Stand setzen und dann mit Gewinn wiederverkaufen. In dem Brief heißt es: „Wir rechnen auf Dich, daß Du dahin ziehst, den Verbesserungen vorstehst, und so kann, um nicht zu viel zu sagen, das Gut in einigen Jahren um ein Drittel an Wert steigen; man verkauft es wieder, sucht ein größeres, verbessert und handelt wieder, und dazu bist Du der Mann. (…)."

Wilhelm könnte durchaus der richtige Mann für solche Immobilien-Portefeuille-Geschäfte sein. Ist er doch selbst in einer weniger soliden Branche erfolgreich tätig: er managt eine ganze Theaterkompanie.

Dennoch ist er von Werners Vorschlag nicht angetan: „So gut dieser Brief geschrieben war, und so viel ökonomische Weisheit er enthalten mochte, mißfiel er doch Wilhelmen auf mehr als eine Weise. Das Lob, das er über seine fingierten statistischen, technologischen und ruralischen Kenntnisse erhielt, war ihm ein stiller Vorwurf, und das Ideal, das ihm sein Schwager vom Glück des bürgerlichen Lebens vorzeichnete, reizte ihn keineswegs; vielmehr ward er durch einen heimlichen Geist des Widerspruchs mit Heftigkeit auf die entgegengesetzte Seite getrieben."[110] Wilhelms Reserve gegenüber dem Vorschlag seines kaufmännisch versierten Schwagers kreist um eine weitreichende Einsicht. Wilhelm erkennt, dass der Begriff des Werts mehr als nur ökonomische Valenzen hat, kennt er doch „entgegengesetzte Seiten". Die „ökonomische Weisheit", die in diesem Fall darin besteht, zukünftige Gewinnchancen auf dem Immobilienmarkt präzise einzuschätzen, ist mit den weisen Einsichten, die Wilhelm im Prozess seiner theatralischen Sendung zu erlangen hofft, nicht in Übereinstimmung zu bringen. Denn Wilhelm stellt eine Wertfrage, die man heute als Frage nach der Work-Life-Balance charakterisieren würde: Wie viel Wert lege ich auf ökonomisch-finanzielle Werte? Vertragen sie sich mit ästhetisch-ethischen Werten? An welchen Werten muss ich mich orientieren, wenn mein Leben lebens- und liebenswert sein soll? Worauf muss ich verzichten, wenn ich nicht auf Reichtum verzichten will?

Mit einem Wort: Wilhelm stellt die Wertfrage, nämlich die Frage nach dem Wert von Werten und der Kompatibilität unterschiedlicher Wertesysteme. Damit erweist er sich als würdiger, wenn auch weniger leidenschaftlicher Nachfolge Werthers, der durch den Nachdruck, mit dem er Wertfragen stellt, seinem Namen alle Ehre macht.[111] Angeführt seien nur einige der Passagen, die deutlich machen, dass Werther einen sprechenden Namen hat. Wo kommen die Werte her; wie lassen sie sich begründen, was geschieht, wenn unterschiedlich ausgeprägte Werte miteinander in Kontakt und sodann in Konflikt geraten – um diese Fragen kreist Goethes früher Roman. Als der junge Karrierejurist Werther Lotte begegnet, begrüßt sie ihn mit der Anrede ‚Vetter'. Und Werther antwortet: „‚Vetter?' sagte ich, indem ich ihr die Hand reichte, ‚glauben Sie, daß ich des Glücks wert sei, mit Ihnen verwandt zu sein?'" (22)[112] Lotte, von der Werther sagt, dass sie ihm „in so wenig Augenblicken so wert geworden war" (26) wie nichts anderes auf dieser Welt, sorgt durch ihre schiere Gegenwart für rasante semantisch-emotionale Wertsteigerungen auch der Orte, an denen sie zusammen mit Werther geweilt hat. „Nach einem Wege von anderthalb Stunden kamen wir gegen die Stadt zurück, an den Brunnen, der mir so wert und nun tausendmal werter ist." (35) Dass es sich hier um Werte jenseits der profanen Ökonomie handelt, versteht sich von selbst. Zu den reizvollen Implikationen der Liebes-Wert-Logik gehört es, dass der Liebende, der die Geliebte zum absoluten Wert (v)erklärt, seinerseits eine Wertsteigerung erfährt, sich werter als je zuvor fühlt, wenn er zurückgeliebt wird: „Und wie wert ich mir selbst werde, wie ich – dir darf ich's wohl sagen, du hast Sinn für so etwas – wie ich mich selbst anbete, seitdem sie mich liebt!" (38)

Nun ist die Wertlogik der Liebe (und der Selbstliebe!) aber nicht schlicht die Alternative zur ökonomischen Wertlogik. Die „entgegengesetzten Seiten" des Wertbegriffs haben mehr miteinander gemein, als es zuerst den Anschein hat. Immer wieder überrascht, wie nüchtern der leidenschaftliche Roman von Liebesdingen handelt. Nicht nur in ökonomischen Händeln, auch in Liebeshändeln gilt, dass nur das Knappe wertvoll ist. Und Lotte ist ein knappes Liebesgut, ist sie doch schon einem Mann versprochen, der da Albert heißt und dessen Namen mit dem seines verspäteten Konkurrenten die Buchstaben „ert" teilt, die auf Wert verweisen. Lotte wirft auf die irritierende Verwandtschaft der ökonomischen wie der erotischen Wertlogik einen bemerkenswert nüchternen Blick, wenn sie sich selbst ausdrücklich als „Besitz" und „Eigentum eines andern" bezeichnet. Sie spricht nicht nur sehr sachlich, sie versachlicht auch sich selbst, wenn sie von sich als „das" und nicht als „die" spricht. „Warum denn mich, Werther? just mich, das Eigentum eines andern? just das? Ich fürchte, ich fürchte, es ist nur die Unmöglichkeit, mich zu besitzen, die Ihnen diesen Wunsch so reizend macht.' – Er zog seine Hand aus der ihrigen, indem er sie mit einem starren, unwilligen Blick ansah. ‚Weise!' rief er, ‚sehr weise! hat vielleicht Albert diese Anmerkung gemacht? Politisch! sehr politisch!' – ‚Es kann sie jeder machen,' versetzte sie drauf. ‚Und sollte denn in der weiten Welt kein Mädchen sein, das die Wünsche Ihres Herzens erfüllte? Gewinnen Sie' über sich, suchen Sie darnach, und ich schwöre Ihnen, Sie werden sie finden; denn schon lange ängstigt mich, für Sie und uns, die Einschränkung, in die Sie sich diese Zeit her selbst gebannt haben. Gewinnen Sie es über sich, eine Reise wird Sie, muß Sie zerstreuen! Suchen Sie, finden Sie einen werten Gegenstand Ihrer Liebe, und kehren Sie zurück, und lassen Sie uns zusammen die Seligkeit einer wahren Freundschaft genießen.'" (102 f.)

Lauter ökonomische Begriffe im Liebesdiskurs der begehrten Frau: besitzen, gewinnen, Eigentum, werter Gegenstand. Werther kann nicht glauben, dass die von ihm so leidenschaftlich geliebte Frau tatsächlich so schnöde, nämlich so politökonomisch denkt. Ihre politischen, sehr politischen, analytischen, kalkulierenden Worte muss ihr Albert souffliert haben. Denn viel nüchterner als dieser unsentimentale Charakter kann man nicht argumentieren: Ein Liebesobjekt, in Lottes Worten ein „werter Gegenstand", kann durch einen anderen Gegenstand, der ebenso viel wert ist, ersetzt werden. Das ökonomische Wertgesetz der Äquivalenz herrscht demnach auch in der Sphäre der Liebe. Genau dies kann Werther nicht akzeptieren. Denn für ihn ist offenbar, dass es Werte gibt, die tausendmal werter sind als Werte, zu denen es ein Äquivalent gibt. Nun gehört es zu den Subtilitäten von Goethes Text (und genau diese Subtilität verleiht Goethes Schriften einen Wert, der sie werter macht als andere hochliterarische Texte), dass er leidenschaftlich auf der Inkompatibilität von ökonomischen und transökonomischen Werten besteht – und zugleich genau diese Unvergleichbarkeit negiert. Schon vor den sachlichen Worten, die ausgerechnet das unvergleichliche Liebesobjekt spricht, bemüht Werther nämlich zum zweiten Mal die seinem Namen völlig homophone Formel „tausendmal werter". Diesmal gilt sie nicht von einem Brunnen, sondern, subtil, sehr subtil, von einer „blaßroten Schleife" und „zwei Büchelchen in Duodez", die er an seinem Geburtstag, dem 28. August (der bekanntlich auch Goethes Geburtstag ist), von Lotte und Albert zum Geschenk erhält. „Am 28. August. / Es ist wahr, wenn meine Krankheit zu heilen wäre, so würden diese Menschen es tun. Heute ist mein Geburtstag, und in aller Frühe empfange ich ein Päckchen von Alberten. Mir fällt beim Eröffnen sogleich eine der blaßroten Schleifen in die Augen, die Lotte vor hatte, als ich sie kennen lernte, und um die ich sie seither etlichemal gebeten hatte. Es waren zwei Büchelchen in Duodez dabei, der kleine Wetsteinische Homer, eine Ausgabe, nach der ich so oft verlangt, um mich auf dem Spaziergange mit dem Ernestischen nicht zu schleppen. Sieh! so kommen sie meinen Wünschen zuvor, so suchen sie alle die kleinen Gefälligkeiten der Freundschaft auf, die tausendmal werter sind als jene blendenden Geschenke, wodurch uns die Eitelkeit des Gebers erniedrigt. Ich küsse diese Schleife tausendmal." (54)

Das ist nun ein atemberaubendes Arrangement. Zwei Freunde schenken Werther zwei Dinge, von denen eines zweiteilig ist: ein Textil und einen Text, nämlich eine von einer Schleife umbundene zweibändige Homerausgabe, von der ausdrücklich festgehalten wird, dass sie im Duodezformat gedruckt ist. Sie ersetzt eine zweite, unhandlichere Homer-Ausgabe. Und die Formel, hier handele es sich um etwas, das „tausenmal werter" ist als anderes, fällt zum zweiten Mal. Was nichts anderes heißt als dies: Schon vor den analytisch kühlen Worten Lottes, Werther solle sich einen anderen werten Gegenstand seines Begehrens suchen, musste Werther, ohne sich davon transparente Rechenschaft abzulegen, die Erfahrung machen, dass noch das vermeintlich Inkompatible Äquivalente hat. Das, was tausendmal werter ist als alles andere, ist kein Wert über allen anderen Werten; das, was tausendmal werter ist als alles andere, gibt es (mindestens) zweimal. Lotte selbst ist ja, als Werther sie kennenlernt, bereits eine Ersatzfigur. Muss sie doch als älteste in der Geschwisterreihe die Funktion der verstorbenen Mutter übernehmen, was sie Werther nicht weniger wert macht. „‚Lotte!' rief ich aus, indem ich mich vor sie hinwarf, ihre Hand nahm und mit tausend Tränen netzte, ‚Lotte! der Segen Gottes ruht über dir und der Geist deiner Mutter!' – ‚Wenn Sie sie gekannt hätten,' sagte sie, indem sie mir die Hand drückte, – ‚sie war wert, von Ihnen gekannt zu sein!' – Ich glaubte zu vergehen. Nie war ein größeres, stolzeres Wort über mich ausgesprochen worden." (58)

Gegen Ende des Passionsromans, der den meisten Goethe-Lesern tausendmal werter schien als andere Goethe-Werke, kommt das Wort ‚wert/er' immer seltener vor. Es hat seinen Wert wenn nicht verloren, so doch verschoben. Diese Verschiebung ist wert, bedacht zu werden. Werther hat schmerzlich erfahren müssen, dass eine allzu emphatische Semantik des Liebeswerts und des Liebenswerten sich in Paradoxien (der Liebe und der Selbstliebe, des Authentischen und des Supplements, des unverwechselbar Persönlichen und des austauschbar Sachlichen) verstrickt. Und Werthers Schöpfer Goethe ist nicht davor zurückgescheut, noch das Unverwechselbare, Individuellste, Liebenswerteste als ersetzbar zu denken. In dem damals nicht publizierbaren, weil grob obszönen „mikroskomischen Drama" *Hanswursts Hochzeit*, das Goethe kurz nach dem Erscheinen von *Werthers Leiden* schrieb, spricht der Titelheld in unüberbietbar zynischen Worten über den funktionalen Wert des heißen, leidenschaftlichen „lieben Wertherischen Bluts":

> Mir ist das liebe Wertherische Blut
> Immer zu einem Probierhengst gut
> Den laß ich mit meinem Weib spazieren
> Vor ihren Augen sich abbranlieren
> Und hinten drein komm ich bei Nacht
> Und vögle sie daß alles kracht.[113]

Das sind nüchterne bis kalte Verse aus derselben Feder, die auch den leidenschaftlichen Roman *Werthers Leiden* niederschrieb. Leidenschaftliche Liebe und Sex gehören zwei unterschiedlichen Wertsphären zu. Liebe kann man nicht kaufen, Sex schon. Dennoch gehören beide

Sphären, die der Ökonomie und die der Liebe, zusammen. Auch wenn die libidoökonomischen Reflexionen des Werther-Romans nicht so brutal ausfallen wie die von Hanswurst, ist doch unverkennbar, dass auch in Goethes frühem Roman der emphatische Wertbegriff die Sphäre wechselt. Er kommt gegen Ende nicht mehr erotologisch, sondern ökologisch daher. „Man möchte rasend werden, Wilhelm, daß es Menschen geben soll ohne Sinn und Gefühl an dem wenigen, was auf Erden noch einen Wert hat." (80) Folgt die beredte Klage über die Abholzung der Nussbäume – um ihrer ökonomischen Verwertbarkeit willen. Die Paradoxie ist offensichtlich: gerade weil ökonomisch denkende Menschen Sinn und Gefühl für den Wert von Land und Apfelbäumen haben, sind sie „ohne Sinn und Gefühl an dem wenigen, was auf Erden noch einen Wert hat." Werthers Leiden sind – nun eben Wert-Leiden; Werther erträgt nicht, dass es Menschen ohne Sinn und Gefühl für das gibt, was auf Erden noch einen Wert hat. Das eigentlich Wertvolle wird in Zeiten der Entfaltung einer ökonomischen Wertlogik immer weniger: Liebe und Natur dies- und jenseits aller ökonomischen Werte. Kein Wunder, dass dieser Roman Goethes bis heute sein mit Abstand populärster ist. Denn die Konflikte um das rechte Verständnis dessen, was eigentlich Wert hat, hören auch im Zeitalter der globalen Wert-Ökonomie nicht auf aufzuhören.

*

Wilhelm Meister ist der ernüchterte Nachfolger Werthers. Ihm, der nicht eine, sondern viele Frauen liebt (unter anderen Mariane, Philine, Aurelie, Therese, Natalie, um von Mignon zu schweigen) und dem auch deshalb die Formel nicht zur Verfügung steht, etwas oder eine sei tausendmal werter als alle(s) andere(n), kultiviert ein abgeklärtes Verhältnis zu Wertfragen. Dazu trägt bei, dass ihm an emphatischen Verteidigern ästhetischer gegen ökonomische Werte aufgefallen ist, wie ökonomisch sie ihrerseits denken. „Nicht ebenso leicht konnte er die Aufführung der übrigen Schauspieler [...] mit seinen Begriffen vereinigen. Geschäftig im Müßiggange, schienen sie an ihren Beruf und Zweck am wenigsten zu denken; über den poetischen Wert eines Stückes hörte er sie niemals reden und weder richtig noch unrichtig darüber urteilen; es war immer nur die Frage: ‚Was wird das Stück machen? Ist es ein Zugstück? Wie lange wird es spielen? Wie oft kann es wohl gegeben werden?' und was Fragen und Bemerkungen dieser Art mehr waren."[114] Auch die Kunst geht nach Brot, wie Goethe mit Lessing wusste. Der Streit um das rechte Verständnis des Wertbegriffs dauert bis heute an.

„Wert" – wir wissen es alle – ist ein vieldeutiger Begriff. Es gehört zu den Stärken der Wirtschaftstheorie, dass sie diesem oszillierenden Wort eine klare, nämlich numerische Fassung zu geben vermag. Ökonomische Werte (etwa die von Waren, Dienstleistungen, Risiken, Gewinnen etc.) lassen sich quantifizieren. Preise sind die klare numerische Fassung von Werten. Das macht sie so faszinierend und zugleich so anfällig für kulturkritische Einwände. Diese Konserve ist 49 Cent wert, diese Menge Trüffel 100 Euro. Dieser gepanschte Rotwein kostet 1,99 Euro, diese Flasche Chateau d'Yquem kostet 2.000 Euro. Die Arbeit eines Chauffeurs ist 35.000 Euro per annum wert, die des Managers, den er kutschiert, 3,5 Millionen Euro. Dieses Bild von Max Ernst ist eine Million Dollar wert. Wenn sich herausstellt, dass der Gutachter, der die Echtheit dieses Gemäldes zertifizierte und dafür mit einer ansehnliche Summe ent- beziehungsweise belohnt wurde (im Fall der festzustellenden Nichtauthentizität des Gemäldes wäre auch das Gutachten nur einen Bruchteil wert), danebenlag (selbstredend besten Gewissens, der höhere Wert eines positiven Gutachtens hat beim Diktum „Das ist ein echter Max Ernst" gewiss keine Rolle gespielt), sinkt der Wert des Gemäldes um circa 99 Prozent. Auch um ökonomische Werte ist es ersichtlich seltsam bestellt. Dennoch: Sie lassen sich berechnen, sie lassen sich zählen.

Andere Werte nicht. Sie kann man nicht eigentlich berechnen und zählen, von ihnen muss man erzählen. Wie großartig der Urlaub war – darüber gibt die Geldsumme, die er gekostet hat, allenfalls unvollständig Auskunft, das kann man bestenfalls erzählen. Ein romantisches Liebesabenteuer kann unendlich viel wertvoller sein als bezahlter Sex. Was eigentlich lebens- und liebenswert ist, kann nicht mit einer Zahl ausgedrückt werden. So will es die romantische Sicht, so will es Werther. Es gehört schon beeindruckende Kaltblütigkeit dazu, ihr zu widersprechen und sich dadurch dem Risiko auszusetzen, massiv Sympathien zu verlieren. Wissenschaft aber ist abstrakt, berechnend, kalt und kaltblütig, sonst ist sie keine Wissenschaft. Und also besteht sie darauf, dass man auch den Wert eines Lebens oder einer Liebe berechnen kann. Risiko- und Kapitallebensversicherungen tun dies am laufenden Band; und klare Brautpreise sind in den Sphären der Vormoderne, die doch als romantischer gilt als die kalte Moderne, um von der coolen Spät- und Postmoderne zu schweigen, verbreitet.

Zählen und erzählen sind – nicht nur etymologisch – nah verwandte Worte. Das heißt aber auch, dass sie, wie bei nahen Verwandten nicht unüblich, in einem Spannungsverhältnis zueinander stehen. Beide bringen nur ein unvollständiges Verständnis für die Binnenlogik der anderen, der zählenden beziehungsweise erzählenden, Seite auf. Man kann Buchstaben und Worte zählen, hat damit aber nicht begriffen, was sie uns zu sagen haben. Und man kann erzählend zu paraphrasieren versuchen, was eine Zahl über einen ökonomischen Wert verrät, wird damit aber an der Börse wenig Erfolg haben, wenn man mit vielen anderen vor der Entscheidung kaufen oder verkaufen steht. Das Erzählen ist einfach zu zeitaufwendig und unpräzise, um wirklich wirtschaftstauglich zu sein. Was wiederum nicht ausschließt, dass eine gute Story über ein Start-up-Unternehmen dessen Börsenkurs erheblich beflügeln kann. Zahlen können dann trügerische Erzählungen brutal korrigieren – der schnelle Fall der Facebook-Aktie hat wieder einmal offenbart, dass man sehr gläubig sein muss, wenn man dem rational-choice-Konzept vertraut.

Transökonomische und ökonomische Werte hängen zusammen, sie hätten sich viel zu erzählen beziehungsweise vorzurechnen und können doch nicht recht zusammenkommen. Luhmanns Systemtheorie kann dieses Dilemma plausibel erklären. Selbstredend weiß auch die Systemtheorie, dass alles mit allem zusammenhängt – und sich eben deshalb in modernen, funktional ausdifferenzierten Subsystemen unterschiedliche Codes gegeneinander immunisieren. Jedes dieser Subsysteme (wie Justiz, Wirtschaft, Religion, Wissenschaft etc.) hat seine spezifische Leitunterscheidung (etwa Recht/Unrecht; zahlen/nicht-zahlen; transzendent/immanent; wahr/falsch) und einen orientierenden positiven Leitwert (Gerechtigkeit, Gewinn, Transzendenz, Wahrheit). Was so abstrakt klingt, lässt sich handfest illustrieren. Natürlich kann ein Richter von der Schönheit der Angeklagten bezaubert sein. Er darf ihr aber, wenn sie denn schuldig ist, nicht um ihrer Schönheit willen einen Strafnachlass gewähren oder sie gar freisprechen. Und natürlich kann der gutachtende Wissenschaftler bestechlich sein, er darf es aber nicht sein, und er wird mit Sicherheit nicht in sein Gutachten schreiben, dass er zum Schluss kommt, dieses Max-Ernst-Bild sei echt oder Atomkraftwerke seien unter allen Umständen sicher, weil ihm ein Galerist oder die AKW-Industrie eine extrem hohe Zuwendung für den Fall versprochen hat, dass er zu genau diesem Schluss kommt.

Dass es Codevermischungen bei erotisch affizierbaren Richtern, bestechlichen Gutachtern und in vielen weiteren Kontexten gibt, wird keiner bestreiten. Aber fast alle Bewohner in korruptionsaversen modernen Gesellschaften werden sie verurteilen. Und doch auch nicht. Denn gerade im Hinblick auf Werte wünschen sich viele aus nur allzu plausiblen Gründen, dass sich außerökonomische Werte möglichst bruchlos und unbeschädigt in ökonomische Werte übersetzen lassen. Doch genau dies ist offenbar nicht der Fall. Das Wirtschafts- und

Finanzsystem kann mit ethischen, religiösen, ökologischen, ästhetischen und vielen weiteren Werten kaum etwas anfangen. Auf moralische Appelle („Beutet nicht aus!") reagiert es einigermaßen hilflos. Werte vor oder nach der Ökonomie liefern für das Wirtschaftssystem keine distinkten Signale. Wirtschaft nimmt moralische Appelle, ethische Werte, ökologische Bedenken oder religiöse Einsprüche zumeist nur als irritierendes Rauschen wahr.

Es ist leicht, zu bedauern oder auch scharf zu kritisieren, dass das Wirtschaftssystem extrem unsensibel für höhere Werte ist. Man sollte sich aber vergegenwärtigen, dass Immunisierung gegen Werte aus anderen Systemen und Sphären kein exklusives Merkmal nur der Wirtschaft ist. Auch Kunst kann wenig mit dem Appell anfangen „stelle alles wissenschaftlich richtig dar" oder „mache nur Aussagen, die falsifizierbar sind". Wissenschaft muss es als Zumutung ablehnen, nur schöne und ästhetisch ansprechende Resultate zu liefern oder gar selbst auf Schönheit statt auf Wahrheit zu setzen. Auch die Sprache der Jurisprudenz ist nicht um Schönheit, sondern um Präzision bemüht. Man muss im Bürgerlichen Gesetzbuch schon 922 Paragraphen durchgelesen haben, um endlich im § 923 über den „Grenzbaum" auf schöne hexametrische Wendungen und im dritten Abschnitt dieses Paragraphen gar auf einen Reim zu stoßen: „ (1) Steht auf der Grenze ein Baum, so gebühren die Früchte und, wenn der Baum gefällt wird, auch der Baum den Nachbarn zu gleichen Teilen. (…) (3) Diese Vorschriften gelten auch für einen auf der Grenze stehenden Strauch." Dieses Rendezvous von sprachlicher Schönheit und juristischer Präzision ist eine wertvolle Ausnahme. Das Justizsystem muss aber nicht nur gegenüber ästhetischen Intuitionen, sondern auch gegenüber religiösen Werten indifferent sein, ja das Rechtssystem muss religiöse Wertansprüche ablehnen, wenn es Recht sichern will. Und deshalb muss es Äußerungen wie „wir haben die Offenbarungswahrheit und der hat sich das Recht zu fügen" verwerfen. Umgekehrt werden sich religiöse Menschen von wertbasierten juristischen Hinweisen wie „die katholische Kirche ist eindeutig antidemokratisch verfasst und deshalb eigentlich verfassungswidrig" nicht erfreuen lassen.

Kurzum: Werte aus anderen Systemen sind für das jeweilige System nur dann wirklich, also funktional relevant, wenn sie in die eigenen Werte konvertierbar sind. Aufgeklärter, gar atheistischer Spott über den Glauben an die Muttergottes wird Religion nicht erreichen, ein Hinweis auf das Wort Jesu an seine Mutter Maria „Weib, was habe ich mit dir zu schaffen?" (Joh. 2,4) lässt sich, da aus wertvollster neutestamentarischer Quelle stammend, hingegen nicht ignorieren. Die Kritik, ein Gerichtsurteil sei nicht so elegant formuliert wie § 923 BGB oder wie eine Passage aus einem Gedicht Goethes, erreicht das Rechtssystem nicht und erschüttert es schon gar nicht; der Hinweis, es widerspreche diesem oder jenem Gesetzes-Paragraphen, kann hingegen die Revision des Urteils erzwingen. Das Kompliment an einen Wissenschaftler, er schreibe elegant, ist nur dann nicht vergiftet, wenn dabei nicht die Botschaft mitschwingt, die Eleganz ginge zu Lasten der spröden Wissenschaftlichkeit. Diese schlichte Überlegung hat weitreichende Konsequenzen für das Verhältnis von ökonomischen und außerökonomischen Werten. „Wirtschaftsethik" – das klingt gut, das leuchtet ein, das muss sein, zumal nach den Krisen und Skandalen der letzten Jahre. Aber Wirtschaftsethik ist eine traurige Wissenschaft. Denn sie muss geradezu systematisch von Geschichten einer verfehlten Begegnung Rechenschaft geben. Wirtschaft und Ethik sind Königskinder, die nicht recht zueinander kommen können. Und das nicht etwa deshalb, weil führende Wirtschaftssubjekte wie Unternehmer, Manager, Banker oder PR-Leute stets signifikant schlechtere Menschen wären als ihre Mitarbeiter oder als Beamte und Bauern und Bischöfe oder Leiter eines volkseigenen Betriebes oder einer Odenwaldschule.

Dennoch gilt, dass Wirtschaft als besonders moralferne Sphäre wahrgenommen wird. Zwar müssen sich auch Kirchen und Reformschulen, Kunst und Politik, Wissenschaft und Sport ethisch-moralisch begründete Einsprüche gefallen lassen. Aber die sind meist nicht system-, sondern personenbezogen: Dieser Bischof hat Kinder geprügelt und das dann systematisch geleugnet, dieser Schulleiter hat Kinder missbraucht, dieser Künstler hat sich mit einem Diktator gemein gemacht, dieser Politiker, Wissenschaftler oder Schiedsrichter war korrupt. Natürlich gilt das – in den letzten Jahren verstärkt – auch für Führungsfiguren der Wirtschafts- und Bankensphäre: Dieser Manager hat nach der von ihm zu verantwortenden Pleite eine Riesenabfindung erhalten, jener Banker hat seinen Kunden Schrottpapiere angedreht oder einen Politiker zu seiner Marionette gemacht. Dennoch bleibt die Differenz: Die Wirtschafts- und Finanzsphäre gilt unabhängig vom Verhalten einzelner Personen als amoralisch. Für den Fußballfan bleibt Fußball die schönste Nebensache der Welt, auch wenn sich herausstellt, dass mehrere Schiedsrichter Spiele manipuliert haben und es noch edlere Charaktere gibt als den Präsidenten des Deutschen Fußballbundes. Und Kunst und Kultur bleiben ein hoher Wert, auch wenn mehr als nur ein Künstler einen sittlich verwerflichen Lebenswandel pflegt. Das Wirtschaftssystem aber wird von vielen unabhängig vom Fehlverhalten Einzelner als moralfern wahrgenommen.

So erstaunlich ist das nicht. Denn diese Wahrnehmung ist gerechtfertigt. Moderne Wirtschaft ist offensiv moralfern. Ob vormoderne Wirtschaftsformen, die zum Beispiel auf Sklaverei, Leibeigenschaft, Lehnswesen, Anerbrecht oder Zunftwesen beruhende Formen des Wirtschaftens in moralisch-ethischer Hinsicht überzeugender waren, sei in diesem Kontext einmal großzügig dahingestellt – sie taten aber und verstanden sich selbst wohl so, als entsprächen sie Gottes Willen oder der natürlich-moralischen Ordnung der Dinge. Hochgradig aufschlussreich ist es deshalb, dass sich moderne Marktökonomie von vormoderner Wirtschaft auch dadurch unterscheidet, dass sie anders als diese gar nicht erst den Anspruch erhebt, hohen moralischen Maßstäben oder gar Tugendidealen zu entsprechen. Spätestens mit Mandevilles *Fable of the Bees* (1705) und Adam Smiths *The Wealth of Nations* (1774) ist die Mainstream-Selbstbeschreibung des Wirtschaftssystems von (moralisch beeindruckender!) Offenheit: ihr dürft egoistisch sein und systematisch euren Eigennutzen im Auge haben. Denn die Entkoppelung des Wirtschaftens von den Anforderungen des tradierten Tugendkataloges setzt eine ungeheure Produktivität frei. Es zahlt sich nicht für alle, aber doch für viele, ja für die meisten aus, wenn das System Wirtschaft die Imperative von Tugend, Moral, Ethik und Religion ignoriert oder nicht einmal ignoriert. Nicht alle sagen das so klar und deutlich, so kaltblütig und rücksichtslos wie Milton Friedman in seinem berüchtigten Essay im *New York Times Magazine* vom 13.9.1970 über die Verantwortung der Wirtschaft fürs große Ganze: „The social responsibility of business is to increase its profits." Das ist Klartext: Amoralität zahlt sich ökonomisch aus.

Nun ist dieses Resultat schwer zu ertragen. Und dies aus vielfältigen Gründen. Um nur die drei wichtigsten zu nennen: Erstens ist die Kritikbedürftigkeit auch der siegreichen Seite im Vergleich moralinfreier Kapitalismus versus moralgesteuerter Staatssozialismus unbestreitbar. Kapitalistische Marktwirtschaft funktioniert besser als moralgesteuerte Kommandowirtschaft, aber ersichtlich nicht rundum gut. Arbeitslosigkeit, Inflation, Bankenkrisen, ökologische Verwerfungen, Kollaps der sozialen Sicherungssysteme, extreme Einkommens- und Vermögensdifferenzen, psychische Verelendung und viele weitere Stichworte mehr zeigen die Grenzen moralfreien Wirtschaftens an. Zweitens: Auch wer gute Gründe zu haben glaubt, eine Entkoppelung zwischen dem Wirtschafts- und Finanzsystem und dem Code der Moral für geboten, weil produktiv zu halten, wird zur Kenntnis nehmen müssen, dass nicht alle auf der Höhe seiner Einsichten sind und sich weiterhin auf der Grundlage des fast allseits beliebten Moralcodes verständigen – also gierige

Manager, zynische Unternehmer und Banker mit Casinomentalität „böse" finden. Im gar nicht so seltenen Extremfall gibt es dann Revolten und Revolutionen aller Art. Und die sind in aller Regel teuer; sie kennen systematisch mehr Verlierer als Sieger. Drittens: Moralität ins moralferne Wirtschafts- und Finanzsystem einzubinden, lohnt sich, weil es sich rechnet – so ein verbreitetes, wenn nicht das beliebteste Argument von Wirtschaftsethikern. Weil die meisten Leute nun einmal nicht anders können, als die Welt unter moralischen Kategorien wahrzunehmen, hat es üble ökonomische Konsequenzen für eine auf das Vertrauen ihrer Kunden angewiesene Versicherung, wenn sie mit einem Großbordell verwechselbar wird, oder für ein Unternehmen, wenn sich herumspricht, dass ihre Produkte aus Profitgier unsicher und für ihre Nutzer bedrohlich sind. Kurzum: Moral lohnt sich, weil Moral Profit bringt. Dieses Argument ist selbstredend vergiftet. Denn es muss den Umkehrschluss zulassen, dass man in ökonomischer Sicht auf Investments in Moral verzichten sollte, wenn sie keinen Gewinn bringen oder weniger Profit abwerfen als amoralische Geschäfte.

Gerade der letztgenannte Aspekt zeigt die Ambivalenzen im Verhältnis von moralischen und wirtschaftlichen Werten an. Moral fungiert hier eben nicht als hierarchiehöchster Supercode, sondern als ein ökonomierelevanter Wert unter anderen – wie etwa Material-, Transport- und Lohnkosten, gutes Design oder raffinierte PR. Dafür aber kann das Rendezvous zwischen moralischen und ökonomischen Werten einigermaßen gelingen, wenn sich die Sprache der Moral auf die Sprache der Ökonomie einlässt, wenn die großen moralischen Erzählungen sich auszahlen, wenn sich also der Wert der Werte, nämlich der ökonomische Wert moralischer Werte berechnen und in Preisen auszählen lässt. Denn Kosten und Preise sind – anders als rein moralische, religiöse, ästhetische oder kulturelle Wertappelle – Signale, die das Wirtschaftssystem versteht, sogar glänzend versteht. Was nichts anderes heißt als dies: Ethik als Reflexionssystem der Moral muss eben die Moral belehren, sich auf das moralferne bis von Moral entkoppelte Wirtschaften einzulassen. Konkret: Umweltschutz ist ein hoher Wert, gerade deshalb müssen Verschmutzungsrechte an internationalen Börsen gehandelt werden. Korruption ist moralisch verwerflich, aber in der Wirtschaftssphäre verbreitet; deshalb muss das Wirtschaftssystem lernen, die Korruption zu korrumpieren. Ausbeutung steht nicht als hoher Wert im Tugendkatalog, deshalb muss Wirtschaft lernen, sie zu hegen, weil es sonst nicht hinreichend viele kaufkräftigen Konsumenten gibt. Kurzum: Nichts ist für Moral verheerender als Kontaktverbot mit dem Bösen. Unterhalb des Niveaus von „sympathy for the devil" ist produktives Wirtschaften nicht zu haben. Das weiß Goethe, wenn er Mephisto die goldenen beziehungsweise dunkel leuchtenden Worte sprechen lässt, er sei ein Teil von jener Kraft, die stets das Böse will und (deshalb!) stets das Gute schafft. Der Speer nur heilt die Wunde, der sie schlug.

B DIE ÖFFENTLICHE, DIE PRIVATE UND DIE
   UNSICHTBARE HAND – EIN VORSCHLAG
   ZUR SCHULDENTILGUNG IM AUSGANG VON
   THOMAS MANNS ROMAN KÖNIGLICHE HOHEIT

Thomas Mann verfügte, auch in dieser Hinsicht Goethe verwandt, über bemerkenswert weitreichende Kenntnisse der volkswirtschaftlichen und soziologischen Literatur. Er, der wie Goethe aus einer wohlhabenden Kaufmannsfamilie stammte und nach väterlichem Wunsch seinerseits Kaufmann werden sollte, war, obwohl er nicht studiert hat, mit der klassischen ökonomischen Theoriebildung gut vertraut. Aber er verfolgte auch aufmerksam die zeitgenössische ökonomisch-soziologische Literatur seiner Zeit; kein zweiter unter den Schriftstellern, die um 1900 die literarische Szene betraten, dürfte so aufmerksam die Publikationen u.a. von Max Weber, Ernst Troeltsch, Werner Sombart und John Maynard Keynes zur Kenntnis genommen haben wie Thomas Mann. Ökonomisch-finanzielle Probleme kannte Thomas Mann, wiederum wie Goethe, zeitlebens nicht.[115] Seine Bücher verkauften sich glänzend, er heiratete in eine der reichsten Münchner Familien ein, seine Vortragshonorarforderungen waren selbstbewusst und wurden akzeptiert, die Gastprofessuren wurden sehr gut dotiert, Mäzene fanden sich ein, der Nobelpreis war auch finanziell willkommen, und beim Management seiner Finanzen hatte Thomas Mann eine geschickte Hand. Aus den bemerkenswert hohen ökonomischen Interessen und Kompetenzen ihres Autors machen seine ersten beiden Romane kein Geheimnis; rätselhaft und erklärungsbedürftig ist es allenfalls, dass die Germanistik sich auf die doch so überdeutliche betriebswirtschaftliche Thematik des Romans *Die Buddenbrooks* (1900) und die noch deutlichere volkswirtschaftliche Thematik des Romans *Königliche Hoheit* (1909) bis heute nicht recht eingelassen hat.

Wäre es nötig, den plot dieser beiden Romane nachzuerzählen, so wäre dies eine verblüffend leichte Aufgabe. Der Roman *Die Buddenbrooks* erzählt davon, wie ein alteingeführtes und über Generationen hinweg erfolgreich expandierendes Familienunternehmen durch betriebswirtschaftliche Fehlentscheidungen langsam, aber sicher zerfällt. Und der Roman *Königliche Hoheit* erzählt in strikter Komplementarität davon, wie eine ruinierte Volkswirtschaft ebenso zügig wie dauerhaft saniert wird. Ein BWL- und ein VWL-Roman haben Thomas Manns frühen Ruhm begründet, wobei der VWL-Roman stets im Schatten des überwältigenden Erfolgs der *Buddenbrooks* stand. Thomas Mann hatte den eingelösten Ehrgeiz, diesen relativen Misserfolg mit einem zweiten VWL-Roman wieder wettzumachen: *Joseph, der Ernährer* projeziert keynesianische Denkmodelle und New-Deal-Politikberatung ins alte Ägypten.

So schlicht der Handlungsverlauf von Thomas Manns frühem Volkswirtschaftsroman ist, so subtil entfaltet er sein zentrales Motiv. Der souveräne Wagnerkenner Thomas Mann stellt seinen Roman *Königliche Hoheit* ganz ins Zeichen eines einzigen Leitmotivs, das allerdings zu ungemein komplexer Entfaltung taugt. Leitmotivisch kreist der gesamte Text um die Silbe ‚Hand'. Ihr widmet Thomas Mann so viel Aufmerksamkeit, wie es zuvor kein anderer tat – wiederum mit der Ausnahme, die da Goethe heißt. Goethe machte sich bekanntlich einen Namen mit der Geschichte eines jungen Mannes, der Hand an sein Leben legte, weil er nicht um die Hand der Angebeteten bitten konnte und den nicht ein Geistlicher, sondern Handwerker zu Grabe trugen. Ein Ritter mit eiserner Hand steht im Zentrum von Goethes frühem Drama *Götz von Berlichingen*; und es liegt auf der Hand, dass der Name Faust ein sprechender Name für einen Geist ist, der sich mit dem Teufel auf einen weitreichenden Handel einlässt und viele Projekte in die Hand nimmt. Eduard und Ottilie gestehen sich im Roman *Die Wahlverwandtschaften* einander ihre Liebe, nachdem sie die Quasi-Identität ihrer Handschriften entdeckt haben – die Reihe der Belege für die elegant zu handhabende Leitmotivik, die entsteht, wenn des Dichters reine Hand schöpft, ist zu lang, um sie hier handfest auszustellen.

Es gehört nun zu Thomas Manns Romankunst, diese aus Goethes Hand übernommene Obsession für die Silbe ‚Hand' erst einmal ganz unauffällig in Erscheinung treten zu lassen. Um nur die ersten Belege zu nennen und das beim gängigen Lesen Unauffällige durch Großschreibung auffällig werden zu lassen: schon das etwa zwei Seiten umfassende „Vorspiel" zum Roman schildert handgreiflich und doch so, dass es nicht penetrant auffällig auf der Hand liegt, eine auf Handbewegungen fokussierte Szene. Ein älterer ranghoher Militär trifft auf einen blutjungen Leutnant. „Statt die vorschriftsmäßige Ehrenbezeigung auszuführen, legt der blutjunge Leutnant ein wenig den Kopf zurück, zieht gleichzeitig seine rechte HAND – nur die rechte, das ist auffallend – aus der Manteltasche und beschreibt mit eben dieser weißbeHANDschuhten Rechten eine kleine ermunternde und verbindliche Bewegung, nicht stärker als daß er, die HANDfläche nach oben, die Finger öffnet; aber der General (…) fährt an den Helm, biegt aus, gibt in halber Verbeugung sozusagen den Bürgersteig frei und grüßt den Leutnant von unten herauf (…) Da erwidert der Leutnant, die HAND an der Mütze, das Honneur seines Vorgesetzten." (8)[116] Das erste Romankapitel führt sodann den Leser von der Straße in den „kleinen Bankettsaal" des Residenzschlosses, der „durch die KünstlerHAND des Professors von Lindemann … mit großen Wandmalereien geschmückt" ist. (11) In der Nähe ist eine Hofdame, die „ihrer Herrin die HAND" küßt, und eine kleine Bibliothek, in der sich „mehrere HANDschriftliche Folianten" befinden. (11) Einige Räume weiter legt Herr von Schröder „die HAND aufs Herz" (18), um zu betonen, wie aufrecht und loyal er spricht, wenn er darauf hinweist, dass im Staatsetat „eine Schuld … ach, ein doppelsinniges Wort! … eine Schuld (…) vorHANDen" ist (18), obwohl der Großherzog es „in der HAND (hatte), die Verhältnisse durch eine (glänzende) Heirat (…) zu rangieren." (20)

Der Großherzog aber hat, so will es die Romanhandlung, eine Liebesheirat mit einer minder begüterten Adeligen vorgezogen. Und nun verweilt er „HAND in HAND mit seiner Gemahlin" (23) an deren Wochenbett. Das zweite Kind dieses altaristokratischen Paares, wie das erste ein Junge, hat soeben das Licht der Welt erblickt. Die Freude ist groß, nein: sie wäre groß, wenn der Neugeborene nicht eine Missbildung aufwiese: „Die linke HAND ist verkümmert." (27) Klaus Heinrich – auf diesen Namen wird das Kind getauft werden – wird nie die „vollkommen schöne HANDbewegung" (27) vollziehen können, mit der sein Vater den Arzt, der seine „HAND an seiner silbernen Uhrkette" (26) hält, um Erklärung für die Missbildung bittet. Der realpolitische Verweischarakter dieses Motivs von der verkümmerten Hand liegt bei dem 1909, also auf dem Höhepunkt der wilhelminischen Ära erschienenen Roman, auf der Hand, ja der Bezug ist fast ein wenig zu offensichtlich: Kaiser Wilhelm II, der die martialischen Auftritte liebte und gerne selbst mit starker Hand regieren wollte, hatte, durch eine schwere Geburt bedingt, eine verkrüppelte linke Hand. Er, der deshalb als Kind viele schmerzhafte Therapieversuche über sich ergehen lassen musste, hat dieses Manko zeitlebens erfolglos zu verbergen gesucht. Was nicht öffentlich thematisiert werden sollte, war öffentlich bekannt, weil es nicht nicht wahrnehmbar war.

Klaus Heinrich muss schon früh öffentlich in Erscheinung treten. Denn er ist eben nicht nur Privatperson, sondern verfügt über „the kings two bodies"[117] – eine öffentliche Erscheinung ist er als Mitglied der Herrscherdynastie per definitionem, und dies zunehmend mehr, weil immer deutlicher wird, dass sein älterer Bruder aufgrund psychischer, nicht somatischer Devianzen unfähig ist, die Thronfolge anzutreten. Nun gehört es zu den nicht genug zu rühmenden Subtilitäten von Thomas Manns Romankunst[118], dass er die handgreifliche Dimension des Motivs von der verkümmerten Hand zunehmend ausblendet bzw. in das Motiv- und Bildfeld des Handel(n)s und der öffentlichen Hand hinüber moduliert. In der Taufszene ist das mehr als nur angedeutet. Ausgerechnet dann, wenn das somatisch defizitäre Baby semantisch geadelt wird, nämlich mit dem Taufwasser aus der Hand des Geistlichen den Eigennamen Klaus Heinrich erhält, dessen Initialen zugleich die Initialen von ‚Königliche Hoheit' sind, ist von handfesten Händen kaum die Rede. Wohl aber wird vermerkt, dass bei der „religiösen HANDlung" (46) der Taufe von Klaus Heinrich „HANDeltreibende, Landleute und schlichte HANDwerker erhobenen Herzens das Gestühl" (47) füllten. Für einen wirtschaftlichen Aufschwung, der Handeltreibenden wie Handwerkern zugutekommt, wird der Täufling Klaus Heinrich später sorgen, indem er erfolgreich um die Hand einer jungen Frau aus superreichem Hause bittet.

Die auf die Silbe ‚Hand' zurückgehenden Wortprägungen und Redewendungen sind bekanntlich zahlreich.[119] Um (mit Goethe und Thomas Mann) nur einige zu evozieren: Wie und zu welchem Preis wertvolle Güter aus der Hand des einen in die Hand des anderen übergehen, darüber entscheidet im Standardfall der freie Handel (günstigstenfalls die reine Gabe und das Geschenk, ansonsten aber Diebstahl, Raub, Erpressung, Krieg etc.). Ein Handschlag besiegelt unter guten Kaufleuten eine Handels-Vereinbarung; durch Handheben kann man bei Entscheidungen für ja oder nein optieren. Das Wort ‚Handlungen' bezeichnet Tätigkeiten aller Art nicht nur von Handwerkern, „Landleuten" und Händlern, es bezeichnet aber auch Institutionen wie Lebensmittel-, Buch- und Wein-Handlungen. Wenn Handel und Wandel gedeihen, bildet sich Reichtum in privaten Händen. Die öffentliche Hand hat dafür zu sorgen, dass es die verlässliche Infrastruktur gibt, die privaten Wohlstand und Reichtum ermöglicht. Und die unsichtbare Hand des Marktes sorgt für Gleichgewichtszustände zwischen Angebot und Nachfrage. So will es jedenfalls die klassische Lehre von der „invisible hand". Wir ruhen, wenn wir uns dieser unsichtbaren Hand des Marktes anvertrauen, zwar nicht mehr in Gottes Hand; aber wir haben es doch in unserer Hand, für unseren eigenen Vorteil zu sorgen, so dass wir nicht von der Hand in den Mund leben müssen. Man sollte dabei nicht zwei linke Hände haben; vorteilhaft ist es vielmehr, wenn die linke Hand weiß, was die rechte tut. Im emphatischen Fall gilt, dass man nicht nur sich selbst und seine eigenen Extremitäten gut koordiniert, so dass das eigene Handeln Hand und Fuß hat, sondern wenn man Hand in Hand geht: we walk hand in hand. Wer es weniger pathetisch liebt, kann doch darauf hoffen, dass eine Hand die andere wäscht und man sich (dennoch!) bei Handelsgeschäften und Händeln aller Art nicht die Hände schmutzig macht. Ob man im Zeichen von Eros verliebt um die Hand der Schönen bittet oder im Schatten von Thanatos verzweifelt Hand an sich legt, ob man jemandem die Hand zum Bund reicht oder wütend die Hand zur Faust ballt, ob man jemandem freundlich die Hand schüttelt oder sich selbst vor Wurt die Hand abhacken könnte, ob man eher gebende oder nehmende Hände hat, ob man bei der Lösung eines Problems mit Hand anlegt oder jemandem mit der Hand an die Gurgel fährt – die wenigen Beispiele für handliche Redewendungen, die schnell zuhanden sind, genügen, um zu zeigen: es „liegt auf der HAND" (151), dass Hand-Metaphern nicht nur in Thomas Manns Roman *Königliche Hoheit*, sondern auch in der Alltagskommunikation (nicht nur, aber insbesondere in der deutschen Sprache) überaus reichlich vorhanden – und zugleich verdeckt sind.

Denn eben dies ist die Pointe, auf die Thomas Manns Roman zielsicher zusteuert. Mit Edgar Allen Poes legendärer Erzählung *The purloined letter* weiß Thomas Manns Roman, dass das, was „auf der Hand liegt" (151) und mit Händen zu greifen ist, seltsam zwischen Sicht- und Unsichtbarkeit oszilliert. Die invisible hand des Marktes, nomen est omen, ist unsichtbar. Die öffentliche Hand, nomen est omen, ist hingegen sichtbar. Jeder kann beobachten, bemerken und kommentieren, wenn öffentliche Gebäude zerfallen, Straßen Schlaglöcher zuhauf aufweisen, Schwimmbäder geschlossen werden und Polizisten nicht kommen, wenn sie in Notfällen willkommen wären. Die öffentliche Hand muss ihren Haushalt offenlegen, er wird im Parlament und in den Medien öffentlich diskutiert. Die private Hand kann hingegen weitgehend darüber entscheiden, ob und wie sie wahrgenommen wird. Man kann seinen Reichtum oder seine Armut ausstellen oder verstecken, man kann anderen Einblick in seinen Kontostand gewähren oder nicht. Bei näherem Zusehen aber verwischen sich diese erst einmal klar scheinenden Unterscheidungen. Wer Sozialhilfe beziehen will, muss seine privaten Vermögens- bzw. Nichtvermögensverhältnisse gründlicher

Beobachtung seitens der öffentlichen Hand aussetzen. Die segensreiche Wirkung der invisible hand des Marktes lässt sich beobachten – eine Volkswirtschaft ist produktiv oder nicht, die Konjunktur brummt oder nicht. Fraglich bleibt allerdings, ob man dieses oder jenes ökonomische Datensample der segensreichen Hand des Marktes oder – ein immerhin über Jahrhunderte verbreitetes Erklärungsmodell – der segensreichen Hand Gottes oder einer starken öffentlichen Hand (wie etwa gegenwärtig in China) zuschreibt. Beobachten lassen sich einzelne bis extrem viele (nie: alle) Produktions- und Konsumtionsakte, nicht aber die unsichtbare Hand selbst (um von dunklen Geschäften der Schattenwirtschaft zu schweigen). An die unsichtbare Hand muss man wie an alles Transzendente glauben. Und auch die öffentliche Hand ist so öffentlich nicht, wie ihr Name es glauben macht. Politik(er)kritik ist immer auch Kritik an verdeckten und versteckten Operationen.

„Man sieht nur die im Lichte, / die im Dunkeln sieht man nicht." Die schlichten Verse aus Brechts *Dreigroschenoper* sind zu Recht berühmt geworden. Denn sie machen zusammen mit dem Kontext, in dem sie stehen, darauf aufmerksam, dass man auch beobachten kann, wenn sich etwas der Beobachtung entzieht. Man kann etwas beobachten; man kann anderes nicht beobachten; man kann beobachten, was und wie andere beobachten; man kann beobachten, dass sich etwas nicht beobachten lässt; man kann aber auch nicht beobachten, dass sich etwas nicht beobachten lässt; und man kann beobachten, dass es eine letzte Beobachtung von „allem" nicht geben kann. Klaus Heinrich muss früh beobachten, dass alle sich bemühen, seine verkümmerte Hand nicht zu beobachten. Umso mehr ist sie in seinem Leben präsent, in einem Leben, das ganz der Repräsentation gewidmet ist. Seine Königliche Hoheit repräsentiert den Staat; und mit seiner sichtbarunsichtbaren verkümmerten Hand repräsentiert er in geradezu unüberbietbarer Weise auch die Defizienzen und Defizite der öffentlichen Hand. Das Motiv ist so überschaubar wie eindringlich: die öffentliche Hand des Staates, den Klaus Heinrich repräsentiert, ist so verkümmert wie seine eigene linke Hand. „Wer kein Interesse daran hatte, die Dinge zu beschönigen, mußte die Staatsfinanzen zerrüttet nennen. Das Land trug sechshundert Millionen Schulden, – es schleppte daran mit Geduld, mit Opfermut, aber mit innerlichem Seufzen. Denn die Bürde, an sich viel zu schwer, wurde verdreifacht durch eine Höhe des Zinsfußes und durch Rückzahlungsbedingungen, wie sie einem Lande mit erschüttertem Kredit vorgeschrieben werden, dessen Obligationen tief, tief im Kurse stehen, und das in der Welt der Geldgeber beinahe schon unter die ‚interessanten' Länder gerechnet wird. / Die Reihe der schlechten Finanzperioden war unabsehbar. Die Ära der Fehlbeträge schien ohne Anfang und Ende. (…) Noch Finanzminister von Schröder, dessen reiner Charakter und edle Absichten nicht in Zweifel gezogen werden sollen, erhielt vom Großherzog dafür den persönlichen Adel, daß er unter den schwierigsten Umständen eine neue hochverzinsliche Anleihe zu plazieren gewußt hatte. Er war von Herzen auf eine Hebung des Staatskredits bedacht; aber da er sich nicht anders zu helfen wußte, als indem er neue Schulden machte, während er die alten tilgte, so erwies sich sein Verfahren als ein wohlgemeintes aber kostspieliges Blendwerk. Denn beim gleichzeitigen Aufkauf und Verkauf von Schuldscheinen zahlte man einen höheren Preis als man erhielt, und dabei gingen Millionen verloren." (38)

Sätze, die uns heute nach, während und vor der Schuldenkrise zahlreicher Länder von Griechenland bis zu den USA seltsam vertraut vorkommen. Der lender of last resort, der doch alle privaten Hände vor dem Ruin retten soll, bedarf selbst der Rettung. Und genau dies gelingt in Thomas Manns eigentümlich zwischen Märchenmotiven und äußerster Nüchternheit changierendem Roman. Denn die verkümmerte öffentliche Hand kann saniert werden, weil eine ungemein starke private Hand mit ihr kooperiert – hier weiß die linke Hand, was die rechte tut et vice versa. Ein unermesslich reicher Amerikaner mit deutschem Migrationshintergrund namens Samuel Spoelmann macht in Begleitung seiner reizenden Tochter Imma ausgerechnet im ökonomisch zerrütteten Großherzogtum eine Kur. Spoelmanns aus Deutschland emigrierter Vater hat, wie der ‚Eilbote' eilfertig recherchiert, den ersten Schritt zu seinem ungeheuren Vermögen wie Wagners Alberich gemacht: er hat „anderthalb HANDbreit unter der Oberfläche" eines wenige Tage zuvor preiswert erworbenen Stückchen kalifornischen Landes „einen Klumpen Reingold (!), den zehntgrößten Klumpen der Welt, den ‚Paradise Nugget' von neunhundertachtzig Unzen und fünftausend Pfund wert, zutage gefördert." (187)[120] Mit diesem mythischen Pfund weiß Spoelmann und später sein Sohn Samuel weise umzugehen – wie Alberich, der ja Hagen zum Sohn hat, hat Spoelmann bei aller Lust an Geld und Reichtum nicht gänzlich der Minne Macht entsagt. „Spoelmann der Ältere" investiert in die boomende Eisenbahnbranche, sodann in die „berühmte Blockhead-Farm … – jenes Landgütchen, das mit seiner Steinölquelle binnen kurzem das Hundert- und Aberhundertfache seines Kaufpreises wert war." (188) Schon Spoelmann der Ältere diversifiziert klug sein Vermögen, er investiert in die jeweiligen Schlüsselindustrien und vergisst auch die Finanzindustrie nicht. Sein Portfolio ist in very good shape.

So kommt ein ungeheures Privatvermögen zustande, das die Größenordnung öffentlicher Haushalte locker erreicht und überbietet. Klaus Heinrich und Samuel Spoelmann haben bei aller Unterschiedlichkeit ihrer Milieus und ihrer Temperamente eine Gemeinsamkeit. Als Kind eines superreichen Finanzaristokraten geboren zu werden, ist so wenig ein Verdienst und eine Leistung, wie als Sohn einer Herrscherdynastie auf die Welt zu kommen. Darunter leidet der einzige Sohn des ökonomischen Genies, das Thomas Mann nach dem Bilde von Morgan, Rockefeller oder Vanderbilt geformt hat. „Samuel, sein einziger Sohn, erzeugt in jener zeitig geschlossenen und auf irgendeine Weise vorurteilswidrigen Ehe, war sein einziger Erbe gewesen, – und der ‚Eilbote', feinsinnig wie er war, schaltete eine Betrachtung darüber ein, wie doch etwas Wehmütiges in der Vorstellung liege, daß jemand so ohne eigenes Zutun und gleichsam ohne Verschulden sich durch Geburt in einer solchen Lebenslage finde. Samuel hatte den Palast auf der Fifth Avenue von Neuyork, die Schlösser auf dem Lande und alle Aktien, TreuHANDscheine und Gewinnanteile seines Vaters geerbt; er erbte auch die abenteuerliche Vereinzelung des Lebens, zu der jeder emporgestiegen war, seinen Weltruhm und den Haß der benachteiligten Menge gegen die aufgehäufte Macht des Geldes, – all den Haß, zu dessen Besänftigung er jährlich die gewaltigen Schenkungen an Kollegien, Konservatorien, Bibliotheken, Wohltätigkeitsanstalten und jene Universität verteilte, die sein Vater gegründet hatte und die seinen Namen führte." (188 f.) Das klingt, als hätte Thomas Mann schon Pierre Bourdieus Theorien über Finanz- und Symbolkapital[121] rezipieren können. Spoelmann hat mehr als nur hinreichend viel Geld, um Neid abzuwehren und sich Anerkennung, Sympathie und Wohlwollen zu kaufen. Er ist weise genug zu wissen, dass er nicht anders leben muss, wenn er statt einer Milliarde nur über 900 Millionen Dollar verfügen sollte. Und also hat er einen guten Ruf als Mäzen.

Der verwitwete Mäzen Samuel Spoelmann hat aber nicht nur ein ungeheures Privatvermögen, sondern auch eine schöne neunzehnjährige Tochter, die ihn in das kleine deutsche Großherzogtum begleitet. „Sie hieß Imma – ein kerndeutscher Name, wie der ‚Eilbote' hinzufügte, nichts weiter als eine ältere Form von ‚Emma'." (190) Thomas Manns Romankunst erlaubt sich auch hier einen sehr ernsten Scherz. Denn Imma ist eben anders als Emma kein kerndeutscher Name. Vielmehr verweist der Name Imma aufgrund seiner Palindrom-Qualitäten auf das, was die Trägerin dieses Namens so attraktiv macht. Sie ist eine Am(m)i, eine Amerikanerin; und Amerika hat es, wie wir seit Goethe wissen, nicht nur in wirtschaftlicher Hinsicht besser als Old Europe.

Und sie wird dem Thronfolger mit der verkümmerten Hand zur Freundin (franz. ami/e). Mit der Geschichte der sich ausbildenden Freundschaft und zarten Liebe zwischen Klaus Heinrich und Imma Spoelmann hat es eine seltsame Bewandtnis. Vorgestellt werden die beiden Königskinder, die von getrenntesten Ufern zueinander kommen können, als Imma das Spital besucht, dem der väterliche Mäzen eine beträchtliche Zuwendung gemacht hat. „Fräulein Spoelmann, Königliche Hoheit, Mister Spoelmanns Tochter, dem das Spital so viel verdankt.' / Mit geschlossenen Absätzen reichte Klaus Heinrich ihr die HAND im weißen MilitärHANDschuh, und indem sie ihr schmales, mit braunem Rehleder bekleidetes HÄNDchen hineinlegte, gab sie der Bewegung des HÄNDEdrucks eine waagerechte Richtung, machte ein englisches shake-HAND daraus, wobei sie gleichzeitig mit spröder Pagen-Anmut etwas wie einen Hofknix andeutete, ohne ihre großen Augensterne von Klaus Heinrichs Gesicht zu wenden. Er sagte etwas sehr Gutes, nämlich: ‚Sie machen also auch dem Spital einen Besuch, gnädiges Fräulein?' / Und rasch wie vorhin, mit vorgeschobenen Lippen und dem kleinen hochmütigen Hin und Her des Kopfes, antwortete sie mit ihrer gebrochenen Stimme: ‚Man kann nicht leugnen, daß manches für diese Annahme spricht.' / Unwillkürlich hob Herr von Braunbart abwehrend die HAND." (212) Wer bei dieser ersten Begegnung das Sagen hat, liegt auf der Hand. Imma ist um Klassen souveräner als der Souverän. Umso bemerkenswerter ist es, dass sie, die Schöne ohne irgend ein verkümmertes Körperteil, dem ersten shake-hands weitere folgen lässt, bis schließlich Klaus Heinrich um ihre Hand bittet.

Leichterhand kann diese Verbindung nicht zustande kommen. Denn Imma Spoelmanns Großvater ist zwar der Stammvater einer unermesslich reichen Kleinfamilie (durch besonders hohe Fertilität zeichnet sich die Spoelmann-Familie ebenso wenig aus wie das Haus Buddenbrooks), aber nicht von Familie. „Zwischen Klaus Heinrich und Imma Spoelmann lagen die Dinge ja sonderbar, und ihr Sinnen konnte – auch seines – vor der HAND auf kein HANDgreifliches Ziel gerichtet sein." (301) Das ändert sich, nicht zuletzt durch den Einfluss der geschickt manipulierbaren „öffentlichen Meinung" (313), die keine Einwände gegen eine Verbindung von symbolischem und realem Kapital hat. Nun wäre dies ein verhältnismäßig triviales Motiv, wenn Thomas Mann die Annäherung der Liebenden nicht über eine seltsame gemeinsame Leidenschaft laufen ließe. Beide, Klaus Heinrich wie Imma Spoelmann, lesen gerne gemeinsam und mit roten Wangen – aber nicht etwa wie Paolo und Francesca in Dantes *Göttlicher Komödie* Liebesgeschichten wie die von Lancelot und Ginevra, sondern volkswirtschaftliche Fachliteratur. „Die Schläfen in den HÄNDEN, (las Klaus Heinrich) in seinen Finanzbüchern. Er las von den Staatsausgaben und worin sie nur immer bestanden, von den Einnahmen und woher sie glücklichen Falles flossen; er durchpflügte das ganze Steuerwesen in allen seinen Kapiteln; er vergrub sich in die Lehre vom Finanzplan und Budget, von der Bilanz, dem Überschuß und namentlich dem Defizit, er verweilte am längsten und gründlichsten bei der Staatsschuld und ihren Arten, bei der Anleihe, dem Verhältnis von Zins und Kapital und der Tilgung, – und zuweilen erhob er den Kopf vom Buche und träumte lächelnd von dem, was er gelesen, als sei es die bunteste Poesie." (328)

Hochpoetisch geht es zumal dann zu, wenn die Milliardärstochter der Königlichen Hoheit bei der Lektüre finanztheoretischer Abhandlungen Gesellschaft leistet. Und höchstpoetisch wird es, wenn die beiden eines Tages – getreu dem geflügelten Dante-Wort – nicht mehr weiterlesen. Die ebenso ökonomisch-nüchterne wie märchenhafte Romanhandlung läuft auf eine buchstäbliche Verdichtung zu. Klaus Heinrich hat sich von einem hohen Beamten seines Herzogtums darlegen lassen, dass „die Sache" mit Imma Spoelmann aus Staatsinteresse der Verdichtung bedarf. Herr von Knobelsdorff spricht fast Klartext: „Man muß ihr (der Sache mit Imma, J.H.) Gestalt geben, muß sie verdichten, muß sie auch für die Augen der Welt bestimmter umreißen…'" Klaus Heinrich, der seine eigenen, ihn tief irritierenden Erfahrungen mit einem lebensuntüchtigen Dichter hatte, dem er einen Preis verlieh, gibt durch Wiederholung zu erkennen, daß er verstanden hat: „Ganz so! Ganz so! Ihr Gestalt geben… sie verdichten… Das ist es!" (325) Und auch wir Leser haben spätestens durch diese Wiederholung verstanden, dass da ge- und verdichtet wird, dass Dichtungen, dass Geldmarkt- und Börsenstories, dass große Erzählungen und märchenhafte Ausblicke nicht das andere der nüchternen Wirtschaft und ihrer Zahlen, sondern das eigentliche Element des Wirtschaftens und des Geldes zumal sind.

Und so kommt es zu einer Verdichtung in jedem Wortsinne. Sie geschieht, als die beiden Lesenden zusammen sitzen, „um sich, Kopf an Kopf, in die Geldwirtschaftskunde zu vertiefen. Aber im Vorwärtsschreiten verglichen sie die abgezogene Lehre mit der Wirklichkeit, wandten, was sie lasen, auf die Verhältnisse des Landes an, wie Klaus Heinrich sie dargelegt hatte, und studierten mit Nutzen, obgleich es nicht selten geschah, daß ihr Forschen von Betrachtungen persönlicher Art unterbrochen wurde. / ‚Dann kann also die Emission', sagte Imma, ‚auf direktem oder indirektem Wege erfolgen, – ja, das leuchtet ein.

Entweder der Staat wendet sich geradewegs an die Kapitalisten und eröffnet die Subskription ... Ihre HAND ist doppelt so breit wie meine', sagte sie, ‚sehen Sie, Prinz!' Und nun schauten sie lächelnd und glücklich betroffen von dem einfachen Anblick ihre HÄNDE an, seine rechte und ihre linke, die nebeneinander auf der goldenen Tischplatte lagen." (332) Die beiden Lesenden, Liebenden lesen nicht weiter, die private und die öffentliche Hand finden zum Bund zusammen.

Die private Mitgift der schönen Braut ist beträchtlich, aber nicht exorbitant. Sie „überstieg nicht ein irdisches (...) Maß. Sie betrug hundert Millionen" (359) – und „gleich am Tag des öffentlichen Verlöbnisses" richtet das junge Paar „eine Stiftung von fünfhunderttausend Mark" ein, „deren Erträgnisse jedes Jahr in die vier Landeskommissarbezirke zu mildtätigen und gemeinnützigen Zwecken verteilt werden sollten." (359) Das ist löblich und anerkennenswert, bleibt aber mit der Größenordnung von nullkommafünf Prozent der Mitgift im Rahmen mäzenatischer Üblichkeiten. Sensationell, weil die Denk- und Wirtschaftsüblichkeiten produktiv sprengend, ist es hingegen, dass der Brautvater nicht nur seine Tochter und seinen zukünftigen Schwiegersohn beglückt, indem er Vermögen aus seiner privaten Hand in die private Hand der Kinder transferiert, sondern die zerrütteten Finanzen der öffentlichen Hand saniert. Die Zeit ständiger Umschuldungen bei stets steigenden Schuldendienstverpflichtungen, also die Epoche der „Vermögensübertragung von einer Hand in die andere, die sich obendrein mit Verlust vollzog" (39), ist vorüber. Denn „Spoelmann finanzierte den Staat. Der Vorgang war groß und klar in seinen Grundzügen; ein Kind hätte ihn verstehen können, – und tatsächlich erklärten ihn glückstrahlende Väter ihren Kindern, während sie sie auf den Knien schaukelten. / Samuel Spoelmann winkte, die Herren Phlebs und Slippers (Spoelmanns Finanzmanager, J.H.) gerieten in Bewegung, und seine gewaltigen Weisungen zuckten unter den Wogen des Ozeans hin zum Festland der westlichen Hemisphäre. Er zog ein Drittel seines Anteils aus dem Zuckertrust, ein Viertel aus dem Petroleumtrust, die Hälfte aus dem Stahltrust zurück; er ließ sich das flüssig gemachte Kapital bei mehreren hiesigen Banken anweisen; und auf einen Schlag nahm er (dem Finanzminister, J.H.) Herrn Krippenreuther für dreihundertundfünfzig Millionen neuer dreieinhalbprozentiger Staatsobligationen zu pari ab. Das tat Spoelmann. (...) Ein Teil der Anleihe wurde der Tilgungskasse zugeführt, und quälende Staatsschulden wurden eingelöst." (357) Mit anderen Worten: Spoelmann investiert etwa ein Drittel seines ungeheuren Privatvermögens, um die maroden Staatsfinanzen zu sanieren. Auf seinen gewohnten Lebenskomfort braucht er deshalb nicht zu verzichten; ihm fehlt es vor wie nach dieser Transaktion an nichts.

Doch das ist nicht die implikationsreiche Pointe, um die der Schluss von Thomas Manns VWL-Roman kreist. Thomas Manns hellsichtige Ironie fokussiert vielmehr eine viel weiter reichende schöne ökonomische Paradoxie. Spoelmann hat auf den ersten Blick ein denkbar schlechtes Geschäft gemacht, wenn er die mehr als unseriösen Anleihen des völlig überschuldeten Staates nicht etwa zum Markt-, sondern zum Nennwert, „zu pari" aufkauft. Der Marktwert wird im Roman nicht ausdrücklich genannt, dürfte aber nicht mehr als ca. 20-30 Prozent des Nennwertes betragen. Spoelmann wirft also, so die klassische Lehre, wie das Schreckgespenst eines durch und durch irrationalen homo anti-oeconomicus sein Privatvermögen zum Fenster heraus, wenn er zu pari kauft. Aber gerade deshalb, weil er Vermögen aus seiner übervollen Privatschatulle Hand in die öffentliche Hand transferiert, macht er auch privat ein gutes Geschäft. In den bemerkenswert präzisen Worten des Romans: „Ein Teil der Anleihe wurde der Tilgungskasse zugeführt, und quälende Staatsschulden wurden eingelöst. Aber es hätte dessen kaum bedurft, um uns (!) nach allen Seiten Luft und Kredit zu beschaffen; denn nicht so bald war es, bei aller Verschwiegenheit, mit welcher die Angelegenheit amtlich behandelt wurde, bekannt geworden, daß Samuel Spoelmann den Tatsachen, wenn auch nicht dem Namen nach Staatsbankier geworden sei, als über uns (!) die Himmel sich erhellten und all unsere Not sich in Lust und Wonne verwandelte. Es hatte ein Ende mit den Angstverkäufen von Schuldforderungen, der landesübliche Zinsfuß sank, unsere (!) Verschreibungen waren als Anlagepapiere freudig begehrt, und von heute auf morgen schnellte der Kurs unserer (!) hochverzinslichen Anleihen aus kummervollem Stande weit über pari empor." (358) Spoelmann hat Papiere, die er weit unter pari hätte aufkaufen können, zu pari gekauft – und jeder an klassischer und neoklassischer Lehre orientierte Kopf schüttelt darüber den Kopf. Nun aber hat seine übergroß scheinende private Geldspende, die allen homo-oeconomicus- und rational-choice-Modellen eklatant widerspricht, segensreiche Wirkungen. Die Wirtschaft boomt. „Der Druck, der jahrzehntelange Alp, war von unserer (!) Volkswirtschaft genommen, mit geschwellter Brust sprach Doktor Krippenreuther im Landtag zugunsten durchgreifender Steuererleichterung." (358)

Nichts leichter, als dieses Denkmodell auf die heutige Zeit zu übertragen – und gerade, weil dieser Vorschlag zur Schuldentilgung so plausibel ist, dürfte er auf den erbitterten Widerstand glaubensfanatischer Ökonomen stoßen. Gelänge durch Umverteilung von Privatvermögen in die öffentliche Hand – in einer Größenordnung, die keinen nötigen würde, schlechter zu leben als zuvor – der Abbau der Staatsschulden, so hätte in Deutschland allein der Bund Jahr für Jahr neue Spielräume für Investitionen und Steuersenkungen in Höhe von mehr als fünfzig Milliarden Euro (und das bei den niedrigen gegenwärtigen Zinssätzen). Voraussetzung dafür wäre ein neues Denken jenseits des homo-oeconomicus-Modells. „Produktive Zerstörung" ist eine häufig zitierte Formel des großen Ökonomen Josef Schumpeter. Sein Zeitgenosse Thomas Mann wendet diese Formel (sie wurde 1942 mit der Publikation von Schumpeters Hauptwerk *Kapitalismus, Sozialismus und Demokratie* geläufig) avant la lettre auf die Ökonomietheorie selbst an. Thomas Mann zerstört produktiv den bis heute unerschütterlichen Glauben der klassischen Ökonomie an den homo oeconomicus, um – wiederum avant la lettre – „kommunitaristisch" auf Kooperation zwischen privaten Händen und öffentlicher Hand zu setzen. Qui perd gagne. Geben ist seliger denn nehmen. Thomas Mann umspielt diese weisen Sprüche und gibt ihnen volkswirtschaftliche Gestalt. Was nichts anderes heißt als dies: Spoelmann profitiert von seiner Großzügigkeit. Er, der nach heutigem Wert Milliarden seines Privatvermögens verausgabt hat, macht gerade damit einen guten deal. Die Staatsanleihen in seinem Depot, die er weit über dem damaligen Marktwert „zu pari" kaufte, die also ein eklatantes Verlustgeschäft zu sein schienen, notieren nach kurzer Zeit „weit über pari". Es gehört zu den literarischen Subtilitäten des Romans, dass sein auktorialer Erzähler in dem Maße, in dem sich die spieltheoretische Einsicht in die Vorzüge von Kooperation gegenüber homo-oeconomicus-Egoismus durchsetzt, immer häufiger „wir" und „uns" sagt.

Thomas Mann lässt sich die Möglichkeit nicht entgehen, eindringlich zu schildern, wie durch eine fiskalpolitische Großgabe aus privater Hand die öffentliche Hand saniert und die Realwirtschaft stimuliert wird. Das Bruttosozialprodukt steigt, die Stimmung gleichermaßen, der soziale Friede ist gesichert, und es gibt tatsächlich Wohlstand für alle – einen gewissermaßen klugen Wohlstand zumal. Ökonomen, die auf das Wachstum des Bruttosozialprodukts fixiert sind, übersehen häufig, wie seltsam es um diese Schlüsselgröße volkswirtschaftlicher Analysen bestellt sein kann. Ein literaturaffines Fallbeispiel kann das illustrieren. Ein junges Paar, das nach getaner Arbeit im Lebensmittelgeschäft für zwanzig Euro Essen und eine gute Flasche Wein einkauft, um gemeinsam einen angenehmen und möglicherweise demographisch konsequenzenreichen Abend zu verbringen, hat zum Bruttosozialprodukt nun eben zwanzig Euro beigesteuert. Ein Single, der frustriert ein Restaurant besucht, dort zu viel trinkt, anschließend ins Bordell geht und auf dem Nachhauseweg angetrunken einen Unfall verursacht, kann je nach Schwere des Unfalls an diesem Abend leicht zwanzigtausend Euro und mehr zur Steigerung des Bruttosozialprodukts beitragen. Es gehört zum intellektuellen Charme von Thomas Manns Roman, neben allen Kapitalfragen auch das Sozialkapital mit in sein zählendes, aber eben auch erzählendes Kalkül einzubeziehen. Um die mikronarrative Szenerie von individuellen Beiträgen zur Steigerung des Bruttosozialprodukts makronarrativ zu ergänzen: Griechenland hat eine Überschuldungsproblematik, die in Zahlen ausgedrückt strukturell dem Haushaltsdefizit Schwedens zu Beginn der 90-er Jahre entspricht. Schweden hat diese Krise glänzend gemeistert, weil dort kommunitaristisch auf Kooperation zwischen reichen privaten Händen und öffentlicher Hand gesetzt wurde. Griechenland wird seine Krise nicht meistern können, weil dort ein Steuer- und Abgabestreik als selbstverständlich gilt. Im Land, das die Demokratie erfunden hat, ist seit langem die demokratische Grundintuition erodiert, dass „wir" der Staat und dass die Schulden der öffentlichen Hand unsere Schulden sind.

Thomas Manns Roman *Königliche Hoheit* ist so nüchtern angelegt und er zeugt von einer nicht nur in literarischen Sphären so ungewöhnlichen wirtschaftswissenschaftlichen Kompetenz und Intelligenz, dass noch seine märchenhaft scheinenden Züge als Indizien für seine argumentative Kraft gewertet werden können. Thomas Mann schildert und analysiert ein Wirtschaftswunder. Es beruht auf einer Win-win-Logik und der mittlerweile spieltheoretisch rekonstruierbaren Einsicht, dass Kooperation im Vergleich zu systematisch egoistischen Spielzügen überlegene Resultate für alle verspricht – gerade auch für die, die wie Samuel Spoelmann einen Teil ihres Reichtums freiwillig weiterreichen. Kluge und stilsichere Köpfe wie die Multimilliardäre Bill Gates und Warren Buffet, dem nicht einleuchtet, warum er prozentual deutlich weniger Steuern zahlen muss als seine Sekretärin, haben ebenso Zeichen gesetzt wie eine steigende Anzahl von Mäzenen dies- und jenseits des Atlantiks (z.B. um den Berliner Arzt Dieter Lehmkuhl und die Initiative www. appell-vermoegensabgabe.de): sie geben große Teile ihres Privatvermögens aus der Hand, um die öffentliche Hand zu stärken und friedenssichernden Wohlstand für alle zu ermöglichen. Unglücklich wirken sie deshalb nicht, verelendet sind sie auch nicht. Nicht nur im Vergleich zu einem systematischen Steuerhinterzieher, der sich in seine Alpenfestung verzogen hat, stehen sie glänzend da.

Nach den ebenso verlässlichen wie trostlosen Serien-Desastern planwirtschaftlichen und staatssozialistischen Wirtschaftens in Russland, China, den Warschauer Pakt-Staaten, Kubas und Nordkoreas (um nur diese Staaten zu nennen) ist es selbst angesichts der gegenwärtigen Schulden-, Finanz- und Wirtschaftskrisen der westlichen Staaten sicherlich keine gute Idee, es zum siebenundsiebzigsten Mal mit einer staatssozialistischen Alternative zur Marktwirtschaft zu versuchen. Wohl aber dürfte es eine gute Idee sein, mit Köpfen wie Goethe und Thomas Mann den homo oeconomicus daran zu erinnern, dass er so klug nicht ist, wie er zu sein glaubt, wenn er unablässig zählt statt sich erzählen zu lassen, wie viel kontraproduktiver Irrglauben in seinen egoistisch auf Nutzenmaximierung zielenden Kalkülen steckt. „Der Teufel ist ein Egoist"[122], sagt Faust zu Mephisto, der zu erkennen gibt, dass er die Adam-Smith-Lektion vom Nutzen des egoistischen Nutzenkalküls gelernt hat, wenn er sich vorstellt als „Teil von jener Kraft, / Die stets das Böse will und stets das Gute schafft."[123] Weil er bei aller Brillanz habituell ein borniertier Egoist ist, wird Mephisto die Wette auf ein gelungenes Leben verlieren. Mit Thomas Manns Roman *Königliche Hoheit* gewinnt hingegen ein in den letzten Jahrzehnten häufig als gutmenschlich verspottetes Motiv funktionalen Glanz. Altruisten sind die klügeren Egoisten. Klaus Heinrich, der ja den Vornamen von Goethes Faust führt, kann von seinem amerikanischen Schwiegervater erfahren: wer gibt, gewinnt.

Anmerkungen

1 Walter Benjamin: Das Passagen-Werk, hg. R. Tiedemann, Gesammelte Schriften Bd. V/1. Ffm 1982, S. 588.
2 Vgl. das Interview mit dem Autor des vorliegenden Traktats unter dem Titel „Es ist an der Zeit, den Retter zu retten" in der *Financial Times Deutschland* vom 16.1.2011.
3 So argumentieren auch zwei außerordentlich lesenswerte und anregende Untersuchungen, die nach Abschluss des vorliegenden Buches erschienen sind, nämlich Christina von Brauns material- und geistreiches Buch *Der Preis des Geldes – Eine Kulturgeschichte* (Berlin 2012) und David Graebers Studie *Schulden – Die ersten 5000 Jahre* (Stuttgart 2012).
4 Ein von Alexander Heit, Georg Pfleiderer und Peter Seele herausgegebener Sammelband, in dem die Ergebnisse dokumentiert werden, erscheint 2013. In ihm findet sich auch eine gekürzte Fassung des vorliegenden Traktats.
5 Vgl. dazu den Sammelband Georg Pfleiderer / Alexander Heit (Hgg.): Wirtschaft und Wertekultur(en) – Zur Aktualität von Max Webers ‚Protestantischer Wertethik'. Basel 2008
6 Walter Benjamin: Kapitalismus als Religion; in: Gesammelte Schriften, hgg. Tiedemann / Schweppenhäuser, Bd. 6. Ffm 1991, S. 100-102; vgl. dazu den Sammelband Dirk Baecker (Hg.): Kapitalismus als Religion. Berlin 2009.
7 Dieter Groh: Göttliche Weltökonomie – Perspektiven der Wissenschaftlichen Revolution vom 15. bis zum 17. Jahrhundert. Ffm 2009. Die ansonsten gelehrt ausgreifende Studie geht merkwürdiger Weise mit keinem Wort auf die Korrespondenzen von Religion und Wirtschaft ein; sie ist ganz auf die Widerlegung der These fokussiert, die modernen Wissenschaften seien nicht aus dem Säkularisierungsprozess, sondern aus dem Versuch entstanden, in der Schöpfung die Spuren göttlichen Wirkens zu entdecken. Im ausführlichen Sachregister eines Buches, das den Titel *Göttliche Weltökonomie* trägt, kommen Begriffe wie ‚Geld', ‚Wirtschaft', ‚Banken' oder ‚Zinsen' nicht vor.
8 Vgl. dazu Gerd Roellecke: Ethik in einer Gesellschaft der Gleichen; in: Merkur 740/Januar 2011, S. 76-83.
9 Vgl. Jochen Hörisch: Das Wissen der Literatur. München 2007 (Einleitung).
10 Vgl. dazu systematisch bzw. systemtheoretisch Niklas Luhmann: Die Kunst der Gesellschaft. Ffm 1995, S. 92 ff, 212 ff.
11 Vgl. dazu die großartige Studie von Hans Christoph Binswanger: Die Glaubensgemeinschaft der Ökonomen. München 1998.
12 Vgl. Hans Christop Binswanger: Geld und Magie – Eine ökonomische Deutung von Goethes Faust. Hamburg 2005 (=2. stark erweiterte Auflage, erste Auflage 1985).

13 ... übrigens zur Beschämung der Literaturwissenschaftler, die ihrerseits zu einer so überzeugenden Interpretation von Goethes *Faust II* methodisch nicht fähig waren.
14 Dank an Birger P. Priddat für Anregungen zu diesem Argument!
15 Vgl. u.a. Jacques Derrida: Falschgeld – Zeit geben I. München 1993, Jacques Derrida: Marx' Gespenster – Der verschuldete Staat, die Trauerarbeit und die neue Internationale. Ffm 2003; Wolf Dieter Enkelmann: Beginnen wir mit dem Unmöglichen – Jacques Derrida, Ressourcen und der Ursprung der Ökonomie. Marburg 2010.
16 Joseph Vogl: Das Gespenst des Kapitals. Zürich 2011, S. 53 f.
17 Goethe: Prometheus; in: Goethe: Gedichte 1756-1799, Sämtliche Werke, Frankfurter Ausgabe I/1, hg. Karl Eibl. Ffm 1987, S. 203.
18 Peter Sloterdijk: Du mußt dein Leben ändern – Über Anthropotechnik. Ffm 2009, S. 17.
19 Vgl. Jochen Hörisch: Bedeutsamkeit – Über den Zusammenhang von Zeit, Sinn und Medien. München 2009, S. 203 ff.
20 Vgl. Friedrich Wilhelm Joseph Schelling: Philosophische Untersuchungen über das Wesen der menschlichen Freiheit und die damit zusammenhängenden Gegenstände (1809); in: Schelling: Ausgewählte Werke – Schriften von 1806-1813. Darmstadt 1968 und Martin Heidegger: Der Satz vom Grund. Pfullingen 1986 (6.).
21 Vgl. Jochen Hörisch: Tauschen, sprechen, begehren – Eine Kritik der unreinen Vernunft. München 2011.
22 Die legendenumworbene Formel ‚totaliter aliter' hat sich seit Rudolf Ottos einflussreicher 1917 erschienener religionsphänomenologischer Studie *Das Heilige* bei vielen Theologen (u.a. bei Bultmann und Karl Barth) als Grenzbezeichnung für Gott durchgesetzt.
23 Vgl. dazu u.a. Hermann Lübbe: Religion nach der Aufklärung. München 1986 und Niklas Luhmann: Die Funktion der Religion. Ffm 1982.
24 Vgl. zur Unverzichtbarkeit und Funktion des Kleingeldes Birger P. Priddat: Kleingeld – Die verborgene Seite des Geldes. Berlin 2010.
25 Genauer wäre die Formulierung „die meisten Religionen". Zu Recht kann und muss man, wenn man so argumentiert, fragen, ob z.B. der Buddhismus eine Religion ist – aber das ist hier nicht Thema.
26 Georg Friedrich Wilhelm Hegel: Vorlesungen über die Geschichte der Philosophie III, Werke, hgg. Michel/Moldenhauer. Ffm 1971, Bd. 20, S. 384.
27 Peter Sloterdijk: aaO., S. 21.
28 Friedrich Nietzsche: Also sprach Zarathustra, Werke in drei Bänden, hg. K. Schlechta, Bd. 2. München 1966, S. 284.
29 Vgl. dazu die klassischen Studien von Ernst Curtius: Über den religiösen Charakter der griechischen Münzen. Berlin 1872 und Bernhard Laum: Heiliges Geld – Eine historische Untersuchung über den sakralen Ursprung des Geldes (1924), Neuauflage mit einem Nachwort von Christina von Braun Berlin 2006; vgl. auch Christina von Braun: Versuch über den Schwindel – Religion, Schrift, Bild, Geschlecht. Zürich / München 2001 (bes. Kap. V und VII) und Jochen Hörisch: Eine Geschichte der Medien – Vom Urknall zum Internet. Ffm 2009 (4.), Kap. 4.
30 Karl Jaspers: Vom Ursprung und Ziel der Geschichte, München 1949.
31 Wilhelm Nestle: Vom Mythos zum Logos. Stuttgart 1975 (2.).

32 Bruno Snell: Die Entdeckung des Geistes. Studien zur Entstehung des europäischen Denkens bei den Griechen. Hamburg 1946.
33 Arno Schmidt: Die Geburt des Logos bei den frühen Griechen. Berlin 2002.
34 Christian Meier: Die Entstehung des Politischen bei den Griechen. Suhrkamp. Ffm 1980.
35 Die große Ausnahme stellt George Thomson dar: Die ersten Philosophen. Berlin 1980 (zuerst engl. The first Philosophers 1955).
36 Vgl. u.a. Jan Assmann: Die mosaische Unterscheidung oder Der Preis des Monotheismus. München 2003.
37 Nach einer Formulierung des Kölner Theologen Hans-Joachim Höhn.
38 Vgl. Jean-Joseph Goux: Freud, Marx – Ökonomie und Symbolik. Ffm / Wien / Berlin 1975.
39 Vgl. Jochen Hörisch: Bedeutsamkeit – Über den Zusammenhang von Sinn, Zeit und Medien. München 2009, Kap. III/7: Das Wort ward Fleisch – Das Abendmahl als ontosemiologisches Leitmedium. Zur Funktion von Geld im Mittelalter vgl. die klassische Studie von Jacques LeGoff: Geld im Mittelalter. Stuttgart 2011.
40 Vgl. dazu die opulente Studie von Dieter Groh: Göttliche Weltökonomie, aaO. Vgl. auch die noch opulentere aufschlussreiche Studie von Arno Bammé: Homo occidentalis – Von der Anschauung zur Bemächtigung der Welt – Zäsuren abendländischer Epistemologie. Weilerswist 2011. Sie akzentuiert eindringlich die tiefenstrukturalen Prägekräfte monetärer Konstellationen – nicht nur für das Design von Religionen, sondern auch von Bewusstseins- und Wissenschaftsformen.
41 Max Weber: Asketischer Protestantismus und kapitalistischer Geist; in: M.W.: Soziologie, Weltgeschichtliche Analysen, Politik, hg. Johannes Winckelmann. Stuttgart 1968, S. 357-381 und ders.: Wirtschaft und Gesellschaft, Erster Halbband, Kap. V ‚Religionssoziologie', hg. Johannes Winckelmann. Tübingen 1972, S. 245-381.
42 Vorwort von Alexander Heit und Georg Pfleiderer zu dem von ihnen hgg. Band, aaO., S. 10. Vgl. zu die Beiträge zu dem Sammelband von Jürgen W. Backhaus (Hg.): Religion und Wirtschaft – Die Bedeutung der Reformation. Berlin/Hamburg/ London/Münster 2010.
43 Jacques LeGoff: Wucherzins und Höllenqualen – Ökonomie und Religion im Mittelalter. Stuttgart 1988.
44 Vgl. dazu auch Dirk Baecker: Womit handeln Banken? Frankfurt 1991.
45 Vgl. Niklas Luhmann: Die Religion der Gesellschaft. Ffm 2000.
46 Vgl. Jochen Hörisch: Brot und Wein – Die Poesie des Abendmahls. Ffm 2008 (4.).
47 Goethe. Faust II, v. 5781.
48 Hugo von Hofmannsthal: Jedermann; Gesammelte Werke Bd. 3, hg. Bernd Schoeller. Ffm 1979, S. 21.
49 „Denn der Tod ist der Sünde Sold; aber die Gabe Gottes ist das ewige Leben in Christo Jesu, unserm Herrn." (Römer 6,23).
50 Nietzsche: Also sprach Zarathustra, Werke, hg. Karl Schlechta, Bd. 2. München 1966, S. 372. Nietzsche war diese Wendung so wichtig, dass er sie in seiner Schrift *Ecce Homo* wieder aufgriff und kommentierte: „Ich bin bei weitem der furchtbarste Mensch, den es bisher gegeben hat; dies schließt nicht aus, daß ich der wohltätigste sein werde. Ich kenne die Lust am *Vernichten* in einem Grade, die meiner

Kraft zum Vernichten gemäß ist, – in beidem gehorche ich meiner dionysischen Natur, welche das Neintun nicht vom Jasagen zu trennen weiß. Ich bin der erste *Immoralist:* damit bin ich der *Vernichter par excellence.*" (Werke, aaO., S. 1153).

51 Neuauflage Stuttgart 2005, S.137 (Kap. 7).
52 Die folgenden Zitate stammen aus seinem Text *Wie ich meine Herkunft verriet – für Geld*; in: Literaturen Oktober / November 2010, S. 19 f.
53 Interview des Manager-Magazins Oktober 2010 mit Steinbrück, p. 120; vgl. dazu auch Peer Steinbrücks Buch: Unterm Strich. Hamburg 2010. Eine gründliche Kritik solchen Verhaltens findet sich bei Hans Küng: Anständig wirtschaften – Warum Ökonomie Moral braucht. München / Zürich 2010.
54 Vgl. dazu auch Dieter Groh: Göttliche Weltökonomie, aaO., S. 70 f.
55 Vgl. Albert Kümmel (Hg.): Sympathy for the devil. München 2009.
56 Vgl. Peter Sloterdijk: Gottes Eifer – Vom Kampf der drei Monotheismen. Ffm 2007.
57 Birger P. Priddat: Moral als Indikator und Kontext von Ökonomie. Marburg 2007, S. 13, vgl. auch die Studie von Birger P. Priddat: Moral und Ökonomie. Berlin 2005.
58 Bernard Mandeville: The Fable of the Bees, hg. Philipp Hart. London 1970, S. 63.
59 Heinz Dieter Kittsteiner: Weltgeist, Weltmarkt, Weltgericht. München 2008, S. 19.
60 Wie schwierig bis heute die juristische Erfassung ethisch bedenklicher Handlungen in der Ökonomie- und zumal in der Finanz-Sphäre sind, macht der Band *Ökonomie versus Recht im Finanzmarkt?* (hgg. Eberhard Kempf, Klaus Lüderssen, Klaus Volk. Berlin/Boston 2011) deutlich. Klaus Lüderssen danke ich für Einblicke in die Satzfahnen dieses Bandes.
61 Adam Smith: Untersuchung über Wesen und Ursachen des Reichtums der Völker, 2 Bde, übers. Monika Streissler, hg. Erich W. Streissler. Bd. 2. Düsseldorf 1999, S. 467 (IV.ii.9).
62 Ebda.
63 Vgl. Uwe C. Steiner: ‚Gespenstige Gegenständlichkeit' – Fetischismus, die unsichtbare Hand und die Wandlungen der Dinge in Goethes *Hermann und Dorothea* und in Stifters *Kalkstein*; in: DVjs 2/2002, S. 627-653.
64 Die Geschichte der ökonomischen Verwendung der Hand-Metapher entwickelt knapp Peter Bendixen: Die Unsichtbare Hand, die Freiheit und der Markt – Das weite Feld ökonomischen Denkens. Wien / Berlin 2009, S. 25 ff. Vgl. auch Joseph Vogl: Das Gespenst des Kapitals. Zürich 2011, S. 41 f.
65 Ab 1800 gewinnt das Motiv, dass es sich lohne, im intimen Kontakt mit dem Bösen zu sein, durch die Erfolge der Pockenimpfung erneut an Fahrt. Vgl. dazu die eindringliche Studie von Johannes Türk: Die Immunität der Literatur. Ffm 2011, die allerdings die ökonomietheoretischen Parallelen des Impf-Motivs nicht thematisiert.
66 Vgl. dazu Friedrich Heyer: Die katholische Kirche 1648-1870 – Ein Handbuch. Göttingen 1963, S. 137 ff.
67 Thomas E. Woods: Sternstunden statt dunkles Mittelalter – Die katholische Kirche und der Aufbau der abendländischen Zivilisation. Aachen 2006.
68 So schon in der 1801 erschienenen Schrift *Über die Religion – Reden an die Gebildeten unter ihren Verächtern* (Hamburg 1970); die Formel selbst findet sich

in der Einleitung von Schleiermachers *Glaubenslehre* (Berlin 1821, zweite erweiterte Auflage 1831).
69 *Masters of the Universe* ist der Titel eines 1987 gedrehten Films von Garry Goddard; die Titel-Formel wurde schnell auf die Agenten an den internationalen Finanzmärkten bezogen, auch von diesen selbst.
70 Vgl. dazu Birger P. Priddat / Wolfram Elsner: Über die Metapher der Invisible Hand – Eine Diskussion. Bremen 1997.
71 Theodor Fontane: Quitt; Romane und Erzählungen in acht Bänden, hgg. Peter Goldammer, Gotthard Erler, Anita Golz, Jürgen Jahn, Bd. 2. Berlin und Weimar 1973 (2.), S. 520 f.
72 Hans Chlumberg: Wunder um Verdun. Berlin 1932, S. 105.
73 Kurt Tucholsky: Gesammelte Werke in zehn Bänden, hgg. Mary Gerold-Tucholsky/Fritz J. Raddatz, Bd. 2. Reinbek 1975, S. 356.
74 Vgl. die Studie von Peter Bendixen: Die unsichtbare Hand, die Freiheit und der Markt – Das weite Feld des ökonomischen Denkens. Münster 2009.
75 Vgl. u.a. Jochen Hörisch: Kopf oder Zahl – Die Poesie des Geldes. Ffm 1996, den Sammelband von Martha Woodmansee / Mark Osteen (Hgg.): The New Economic Criticism – Studies at the intersection of literature and economics. London/ New York 1999, Reinhard Saller: Schöne Ökonomie – Die poetische Reflexion der Ökonomie in frühromantischer Literatur. Würzburg 2007 und die gründliche Studien von Joseph Vogl: Kalkül und Leidenschaft – Poetik des ökonomischen Menschen. Zürich / Berlin 2002, Bernd Blaschke: Der homo oeconomicus und sein Kredit bei Musil, Joyce, Svevo, Unamuno und Céline. München 2004.
76 Goethe: Hermann und Dorothea; in: Sämtliche Werke, Frankfurter Ausgabe I/8, hg. Waltraud Wiethölter. Ffm 1994, S. 817 bzw. 821 (Kap. Terpsichore vv. 51 f. bzw. 167 ff). Vgl. dazu Uwe C. Steiner: aaO., S. 634 f.
77 Thomas S. Kuhn: Die Struktur wissenschaftlicher Revolutionen. Ffm 2003 (zuerst engl. 1962).
78 Einen instruktiven Überblick zu diesem Thema gibt Birger P. Priddat: Moral als Indikator und Kontext von Ökonomie. Marburg 2007, S. 47 ff. Von der reichen Literatur zum Thema seien nur genannt: Ekkehart Schlicht: Der homo oeconomicus unter experimentellem Beschuß, in: Martin Held, Gisela Kubon-Gilke / Richard Sturn (Hg.): Experimente in der Ökonomik – Jahrbuch normative und institutionelle Grundfragen der Ökonomik, Marburg 2003, Armin Falk: Homo Oeconomicus Versus Homo Reciprocans – Ansätze für ein Neues Wirtschaftspolitisches Leitbild? In: Institut für Empirische Wirtschaftsforschung der Universität Zürich (Hg.): Working Paper. No. 79, Juli 2001.
79 Vgl. John R. Carter/Michael D. Irons: Are Economists Different, and If So, Why? In: The Journal of Economic Perspectives, Vol. 5, No. 2 (Spring, 1991), S. 171-177: "Note that on average economists accepted a minimum of $1.70 and proposed to keep $6. 15. Corresponding figures for noneconomists were $2.44 and $5.44." Robert H. Frank/Thomas Gilovich/Dennis T. Regan: Does Studying Economics Inhibit Cooperation? In: The Journal of Economic Perspectives, Vol. 7, No. 2 (Spring, 1993), S. 159-171. "In their experiments, groups of subjects were given initial endowments of money, which they were to allocate between two accounts, one "public," the other "private." Money deposited in the subject's private account was returned dollar-for-dollar to the subject at the

end of the experiment. Money deposited in the public account was pooled, multiplied by some factor greater than one, and then distributed equally among all subjects. Under these circumstances, the socially optimal behavior is for all subjects to put their entire endowment in the public account. But from an individual perspective, the most advantageous strategy is to put everything in the private account. Marwell and Ames found that economics students contributed an average of only 20 percent of their endowments to the public account, significantly less than the 49 percent average for all other subjects." (S. 160). Zur Frage, ob ein BWL- oder VWL-Studium den Egoismus stärkt oder aber Egoisten besonders gerne BWL und VWL studieren, vgl. David N. Laband; Richard O. Beil: Are economists more selfish than other 'social' scientists? In: Public Choice; Juli 1999/ 100, S. 85-101.

80 Fritz Machlup: Idealtypus, Wirklichkeit und Konstruktion, in: ORDO – Jahrbuch für die Ordnung von Wirtschaft und Gesellschaft, Band XII /1961, S. 56.

81 Vgl. Armatya Sen: Rational Fools – A Critique of the Behavioural Foundations of Economic Theory in: ders. Choice, Welfare and Measurement; Oxford 1982.

82 Vgl. Theodor W. Adorno / Max Horkheimer: Dialektik der Aufklärung; Gesammelte Schriften Bd. 3. Ffm 1981, S. 53: „In der Beschränkung des Denkens auf Organisation und Verwaltung, von den Oberen seit dem schlauen Odysseus bis zu den naiven Generaldirektoren eingeübt, ist die Beschränktheit mitgesetzt, welche die Großen befällt, sobald es nicht bloß um die Manipulation der Kleinen geht. Der Geist wird in der Tat zum Apparat der Herrschaft und Selbstbeherrschung, als den ihn die bürgerliche Philosophie seit je verkannte."

83 Thomas Noll / Pascal Scherrer: Professionelle Trader in einer Gefangenendilemma-Situation – Projektarbeit der Universität St. Gallen ... zur Erlangung des Titels Executive MBA HSG. Skript St. Gallen Juni 2011, S. II, detailliertere Zusammenfassung S. 44 ff..

84 Vgl. den Artikel ‚Kritischer Rationalismus' in Jochen Hörisch: Theorie-Apotheke – Eine Handreichung zu den humanwissenschaftlichen Theorien der letzten fünfzig Jahre, einschließlich ihrer Risiken und Nebenwirkungen. Ffm 2010.

85 Vgl. dazu ausführlicher Jochen Hörisch: Gott, Geld, Medien – Studien zu den Medien, die die Welt im Innersten zusammenhalten. Ffm 2004 (Kap. II/2: Geld – Ein Handbuchartikel).

86 Vgl. den klassischen Aufsatz von Sigmund Freud: Charakter und Analerotik; in: Freud: Studienausgabe Bd. VII., hg. Alexander Mitscherlich. Ffm 1973 und Ernest Bornemann: Psychoanalyse des Geldes – Eine kritische Untersuchung psychoanalytischer Geldtheorien. Ffm 1973.

87 Karl Marx: Das Kapital – Erster Band, MEW Bd. 23. Berlin 1969. S. 85.

88 Marx: aaO., S. 169 f.

89 Vgl. Franz Courth: Handbuch der Dogmengeschichte Bd. II Faszikel 1a: Trinität – In der Schrift und Patristik, 1b: Trinität – In der Scholastik, 1c: Trinität – Von der Reformation bis zur Gegenwart (=3 Bde.). Freiburg / Basel / Wien 1988, 1985, 1996.

90 Vgl. Jochen Hörisch: Brot und Wein, aaO.

91 Vgl. u.a. Thomas Macho: Zeitrechnung und Kalenderreform; in: Kunsthochschule für Medien Köln (Hg.): Goodbye, Dear Pigeons – Lab Jahrbuch 2001/02 für Künste und Apparate. Köln 2002, S. 204-227.

92 Ludwig Tieck: Der gestiefelte Kater; in: Tieck: Phantasus, hg. Manfred Frank, Schriften in zwölf Bdn, Bd. 6. Ffm 1985, S. 525f.
93 AaO, S. 526f.
94 Kant: Kritik der Urteilskraft, § 26: „*Erhaben ist, was auch nur denken zu können ein Vermögen des Gemüts beweiset, das jeden Maßstab der Sinne übertrifft*", vgl. dazu Jean-Francois Lyotard: Die Analytik des Erhabenen – Kant-Lektionen. München 1994.
95 Vgl. dazu die eindringliche Studie von Karl Heinz Bohrer: Der Abschied – Theorie der Trauer. Ffm 1996
96 Vgl. dazu ausführlicher Jochen Hörisch: Bedeutsamkeit, aaO.
97 Vgl. Samuel Weber: Geld ist Zeit – Gedanken zu Kredit und Krise. Berlin 2009.
98 Auf der Ebene (wie immer: interessanten!) Analogiezaubers bleiben die Hinweise über die religiöse Qualität des Geldes bei Markus Metz / Georg Seeßlen: Blödmaschinen – Die Fabrikation der Stupidität. Ffm 2011, S. 709: „So könnte man sagen, Geld sei das Zentrum des kommunikativen Beschweigens im Neoliberalismus; es dreht sich alles darum und wird immer unfaßbarer. Der Umschlag ins Religiöse ist daher noch einmal bestimmt: Aus der protestantischen Shilling&Pence-Religionskapitalismus wird eine Art kreolisch-verschwörerischer Voodoo-Zauber."
99 Vgl. dazu Martin Heideggers Abhandlung: Der Spruch des Anaximander; in: Heidegger: Holzwege. Ffm 1963 (4.). Auffällig ist, dass Heideggers prätentiöse Übersetzung des Anaximander-Spruchs die im Altgriechischen durchaus vorhandene und von Nietzsches Übersetzung getroffene ökonomische Valenz des Spruchs ausblendet: „Aus welchem aber das Entstehen ist den Dingen, auch das Entgehen zu diesem entsteht nach dem Notwendigen; sie geben nämlich Recht und Buße einander für die Ungerechtigkeit nach der Zeit Ordnung." Heideggers Denken zahlt für sein starkes Motiv, die Erinnerung an die Seinsvergessenheit, einen hohen Preis – es ist ganz der Geldvergessenheit verschrieben.
100 Nietzsche: Genealogie der Moral, Werke, hg. Karl Schlechta, Bd. II. München 1966, S. 804
101 AaO., S. 830
102 AaO., S. 831
103 Vgl. David Graebers Studie: Schulden – Die ersten 5000 Jahre. Stuttgart 2012
104 Nietzsche: Genealogie der Moral, aaO., S. 832.
105 Vgl. schon die 1924 erschienene klassische Studie von Bernhard Laum: Heiliges Geld. Tübingen 1972.
106 Vgl. Hyman P. Minsky: Instabilität und Kapitalismus. Berlin 2011.
107 Zum Verhältnis von Ruin und Ruine vgl. Jochen Hörisch: Kopf oder Zahl – Die Poesie des Geldes. Ffm 2009 (5.), Kap. III/7: Der Ruin / Die Ruinen.
108 http://www.zdf.de/ZDF/zdfportal/blob/23402812/2/data.pdf
109 Dieser Text ist die überarbeitete Fassung des Beitrages *Der Wert der Werte – Überlegungen im Ausgang von Goethes ‚Werther'* in dem von Annette Kehnel herausgegebenen Sammelband: Erfolg und Werte. Ffm 2012, S. 179-192
110 Goethe: Wilhelm Meisters Lehrjahre, Hamburger Ausgabe Bd. 7, München 1981, S. 288f.
111 Vgl. dazu die Studie von Fritz Gutbrodt: The Worth of Werther – Goethe's Literary Marketing; in: *MLN* – Volume 110, Number 3 (1995), S. 579–630, die auf den telling-name-Charakter von ‚Werther' aufmerksam macht.

112 Seitenangaben in Klammern beziehen sich auf die Ausgabe von *Die Leiden des jungen Werther* im Rahmen der Hamburger Ausgabe, Bd 6. München 1981.
113 Goethe: Hanswursts Hochzeit oder der Lauf der Welt – Ein mikrokosmisches Drama, in: Goethe: *Sämtliche Werke* (Frankfurter Ausgabe) 40 Bände, Abt. I/ Band 4, hg. Dieter Borchmeyer, Frankfurt am Main 1985, S. 586.
114 Wilhelm Meisters Lehrjahre, aaO., S. 59 f.
115 Vgl. Anna Kinder: „Ich habe ein Recht auf Comfort, zum Donnerwetter" – Thomas Mann und das Geld; in: Annette Kehnel (Hg.): Geld und Geist. Ffm 2009, S. 233-257
116 Seitenangaben in Klammern beziehen sich hier und im Folgenden auf Thomas Mann: Königliche Hoheit – Roman, Nachwort Albert von Schirnding. Ffm 1984 (Frankfurter Ausgabe)
117 Vgl. die klassische Studie von Ernst H. Kantorowicz: Die zwei Körper des Königs – Eine Studie zur politischen Theologie des Mittelalters. Stuttgart 1992
118 Vgl. Herbert Anton: Die Romankunst Thomas Manns – Begriffe und hermeneutische Strukturen. Paderborn 1972
119 Vgl. dazu vor allem die reichen Belege in Keith Spalding: An Historical Dictionary of German Figurative Usage. Oxford 1974 und u.a. die Belege aus dem Metzler Lexikon antiker Bildmotive (Stuttgart 1997) / Manfred Lurker: Wörterbuch biblischer Bilder und Symbol. München 1990 (4.), besonders zum Motiv des heilenden Handauflegens (S. 154) / Ralf Konersmann (Hg.): Wörterbuch der philosophischen Metaphern. Darmstadt 2007 (darin der Artikel von Susanne Lüdemann ‚Körper, Organismus', der zwar viele staatsphilosophische Handmetaphern anführt, aber auf die invisible hand nicht eingeht, sowie die klassische Studie von Andre Leroi-Gourhan: Hand und Wort – Die Evolution von Technik, Sprache und Kunst. Ffm 1995 (2.).
120 Wagner hat seinerseits mit *Rheingold* auf den kalifornischen Goldrausch reagiert, Alberich ist nach dem Bilde eines „forty-niners" entworfen; vgl. dazu Jochen Hörisch: „Weibes Wonne und Wert" oder Rheingold und Goldrush; in: Programmbuch Bayreuther Festspiele 2001. Bayreuth 2001, S. 44-80
121 Vgl. Pierre Bourdieu: Zur Soziologie der symbolischen Formen. Ffm 1974
122 Frankfurter Ausgabe, hg. Albrecht Schöne. Ffm 1994, S. 75, v. 1651
123 Ebda, S. 64, v. 1336 f.